Beach Reading

부산 바다 커피

부산 바다 커피

1판 1쇄 발행
2022년 7월 15일

펴낸이 박수정, 박미화
지은이 박수정, 진가록
에디터 안서현
사진 박수정
편집 곽소록
펴낸 곳 미디어줌
등록 2011년 11월 18일 제 338-251002009000003호
주소 부산광역시 수영구 수영로 440, 6층
전화 051-623-1906
이메일 mediazoom@naver.com
ISBN 978-89-94489-62-9
가격 9,900원

부산 바다 커피

박수정
진가록

mediazoom

Contents

Intro

이른 봄날, 우리는 출판 콘텐츠 회의를 위해 마주 앉았다. 부산의 여러 출판사가 참여하는 기획도서 '비치리딩 시리즈'의 주제를 정하기 위한 토론이 이어졌다.

장시간의 회의 끝에 좁혀진 우리의 테마는 '커피'. 가볍게 읽을 수 있는 에세이 형식으로 진행하되 부산의 커피와 카페에 대한 정보도 포함하자는 세부적인 이야기까지 정리가 되었다. 제목은 '부산 바다 커피'. 나와 함께 책의 집필을 맡게 된 진가록 작가의 얼굴에 물음표와 느낌표가 번갈아 깜빡였다. 기획이 정리되는 속도감에 울렁증이 온 듯했다.

"걱정 마래이, 진 작가. 니 커피 좋아한다 아이가. 내도 커피 좋아하고. 늘 준비된 콘텐츠 아니가! 커피!"

그렇게 말하고 보니 약속이라도 한 듯이 각자의 회의 테이블 앞에는 커피가 한 잔씩 놓여있었다. 그뿐인가. 출장이 잦

박수정

았던 지난 몇 달, 진 작가는 출장길에 어김없이 드립커피를 내려와 차 안을 커피 향으로 채웠다. 산미가 살짝 더해진 커피는 맛이 좋았다. 아무래도 진 작가는 커피에 있어서 나보다 한 수 위인 듯이 보였다.

기획회의에서 나는 「부산일보」의 기사 하나를 소개했다.

> "최근 '부산 커피'의 전국적 인기는 한때 유행만은 아니다. 가장 신선한 생두를 접할 수 있는 곳으로 오랜 역사까지 갖춘 저력에서 오늘의 부산 커피가 나왔다고 봐야 한다는 목소리들이 나오고 있다. 이들은 초량왜관과 부산항을 통해 일반인에게 퍼지기 시작했던 시절부터, 피란시절과 밀다원 시대, <가비방>과 <마리포사> 시대를 거쳐 최근 스페셜티 커피로 전국적 인기를 얻기까지 부산은 오랜 기간 커피 도시 명성을 쌓았다고 항변한다."

근래 부산의 커피는 질적 수준과 브랜드 가치를 동시에

인정받고 있다. 물론 역사적·지리적 근거 역시 무시할 수 없다. 커피가 처음 우리나라에 수입될 때부터 생두는 부산의 항구를 통해 들어왔다. 6·25전쟁 전후로는 '밀다원'으로 상징되는 다방의 도시로 불렸다. 그 다방을 배경으로 문인과 예인들의 스토리를 많이도 간직하고 있기도 하다. 부산을 연고로 활동하는 커피인 전주연 씨는 2019년 월드바리스타 챔피언 자리에 오르기도 했다.

'부산의 커피'를 취재하는 일은 갈수록 흥미를 더했다. 카페는 나만의 공간과 시간을 내어주고, 그 시간은 커피 향기로 더 풍성해진다. 부산의 카페는 여기에 바다가 더해진다. 작은 포구마을, 변두리 해안도로, 해수욕장 등 바다 주변 어디를 가도 카페를 찾아볼 수 있다. 바닷가와 인접하지 않더라도 멀리 바다가 보이는 곳이라면 대개 카페가 들어서 있다.

부산의 커피를 찾아 여기저기 다녔다. 열정적인 커피인들을 만나고 새로운 커피를 맛보면서 부산이라는 도시와 바다와 커피가 너무도 잘 어우러진다는 생각을 새삼 하게 된다. 단순히 커피를 즐기는 호기심에 기대어 정리한 책이지만, 커피를 처음 발견하고 전했던 목동 칼디*처럼 이 책으로 부산의 커피가 더 많이 알려지고 사랑받기를 바란다.

2022년 7월
편집실에서

* 칼디(Kaldi): 최초로 커피열매를 발견한 인물이라고 묘사되는 구전설화의 주인공. 6~7세기경 에티오피아 아비시니아 지방에 살았다고 전해진다.

1화

최초의 커피를 맛보다

- 터키식 커피는 일반 커피와 다르게 아랫부분에 곱게 갈린 원두가 가라앉아 있어요. 천천히 음미해보세요.
- 근데 사장님, 왜 커피가 달아요? 이렇게 단맛이 나는 원두도 있어요?
- 시탕수수예요. 이까 원두 넣을 때 같이 넣었어요.
- 아….

카페 <말루비아>

원두 가루가 동동, 터키식 커피

"나도 진 작가 따라서 카페 취재 다니고 싶다."

디자인팀 곽 과장의 솔직한 마음이 튀어나왔다. 마침 점심으로 얼큰한 샤부샤부에 칼국수, 볶음밥까지 먹었던 터라 커피가 생각나는 타이밍이었다. 부러워하는 눈길을 뒤로한 채, 회사 근처에 있다는 터키식 커피집을 찾아 나섰다.

'터키식' 커피라니. 커피가 이슬람문화에서 먼저 사랑받았다는 이야기를 읽긴 했지만, 왠지 터키와 커피는 어울리지 않는 느낌이다. 궁금함을 가지고 들어선 카페에는 사람이 꽤 많았다.

"진하게 드릴까요, 연하게 드릴까요?"

바리스타의 물음에 동네 주민인 듯 보이는 아주머니는 "마, 아무 끼나 맛있게 해주이소" 하고 주문했다.

에스프레소냐, 아메리카노냐 묻는 것일까. 과연 진하게 만드는지 연하게 만드는지 알고 싶어 가까이 가보니, 주문을 받는 카운터 옆에 모래 담긴 가마가 있다. 바리스타는 길쭉한 자루가 달린 컵 모양 냄비(체즈베*)에 곱게 간 원두와 물을 부은 후, 자루를 쥐고 냄비를 모래 위에 문지르기 시작했다.

'모래찜질로 원두가 우러날까' 의문이 드는 찰나 찰랑거리는 커피에서 한 가닥 실처럼 가는 김이 피어올랐다. "미세한 원두 가루가 떠다니니 후후 불어가며 드세요"라고 말하는 그의 볼이 불그레한 것을 보니 200~300도의 모래 가마는 충분히 뜨거운 듯했다.

커피잔 가까이 입김을 불자 고운 원두 가루가 밀려 커피잔 안을 돌고 돈다. 표면을 덮듯 카펫처럼 떠 있던 원두 가루는 한 모금 마신 만큼 사라지고, 이내 검은 바다 같은 색깔의 커피가 모습을 드러낸다. 원두와 함께 우러난 사탕수수의 달콤한 맛에 눈이 번쩍 떠진다. 필터로 거르지 않은 터키 커피는 맛과 향이 다 우러난 커피 가루가 커피잔 바닥에 모래처럼 쌓여있어, 아무 생각 없이 들이켜면 낭패를 볼 수 있다.

---

* 체즈베(Cezve): 터키식 커피 추출 도구

최초의 커피

커피는 서기 600~700년경 에티오피아에서 발견되었다는 설이 유력하며, 처음에 사람들은 지금과는 다른 방식으로 커피를 즐겼다. 커피 열매를 통째로 먹기도 하고, 열매 과육과 씨앗을 으깨 동물의 지방과 섞어 먼 길을 떠날 때 가지고 다니기도 했다. 또 어느 곳에서는 커피 열매로 술을 빚어 먹었다고도 한다.

1500년대 초반, 커피가 터키에 전해졌을 때 '달임' 방식이 사용되었다. 커피콩을 볶아 빻은 다음 체즈베에 달여 마시는 터키식 커피, 이 커피가 지금 우리가 마시는 커피와 가장 비슷한 형태를 띤 최초의 커피라 볼 수 있다.

곱게 갈린 원두 가루를 우려내는 진하고 걸쭉한 터키식 커피.
터키에서는 커피를 다 마신 후 찻잔에 남은 커피 가루로 점을 쳐주는 문화가 있다.

이후 유럽으로 건너간 커피를 즐기는 사람이 많아지면서 추출방식도 발전하기 시작했다. 커피 찌꺼기까지 마시고 싶지 않았던 유럽인들은 깔때기 모양의 드립퍼와 필터식 여과지를 개발하기도 하고, 가열된 물에서 발생하는 수증기의 압력을 이용한 모카포트, 보일러의 압력과 모터를 이용하여 빠른 시간에 커피를 추출하는 에스프레소 머신 등을 만들어냈다. 커피 하나로 다양한 도구가 생겨나고 진화하는 것을 보면 인류는 정말로 커피에 '진심'이다.

이슬람 수피교도들은 밤 기도 시간에 졸지 않으려 커피를 마셨다는 이야기도 전해지건만 한때 터키의 황제는 커피를 금지하기도 했다. '사악한 음료'에 빠져 쾌락을 일삼는다는 이유를 들어 사교와 오락을 함께 즐기는 커피하우스 유행을 막으려 한 것이다. 이때 커피를 마시는 모습이 발각되면 처음에는 태형으로 다스리고, 그다음에 또 발각되면 가죽자루에 넣어 바다에 던져버렸다. 그러나 이러한 억압은 사람들의 호기심을 더 자극하였고, 커피는 더 퍼져나가 사람들은 집집마다 체즈베를 두고 커피를 즐기게 되었다. 귀족들에게는 커피 접견실이 따로 있었으며, 커피를 끓이는 전문 하녀를 두어 손님이 오면 생두를 볶아 커피를 대접했다.

가배차 맛 어떠시오?

커피는 이슬람에서 유럽으로, 그리고 부산항으로도 전해졌다. 1876년 부산항이 개항하고 1883년 부산해관이 들어서면서 영국인 또는 미국인 해관장이 커피를 들여왔을 것으로 추측된다. 한반도에서 커피는 갑배차, 갑비차, 가배차, 가비차 등으로 불렸다.

> 갑비차(甲斐茶)를 대접받았다.(1884년 7월 27일)
> - 민건호, 『해은일록』 중에서

> 부산에 와서 커피를 너무 많이 마셔서 밤새 깨어 있었다.(1884년 11월)
> - 조지 클레이튼 포크, 『화륜선 타고 온 포크, 대동여지도 들고 조선을 기록하다』 중에서

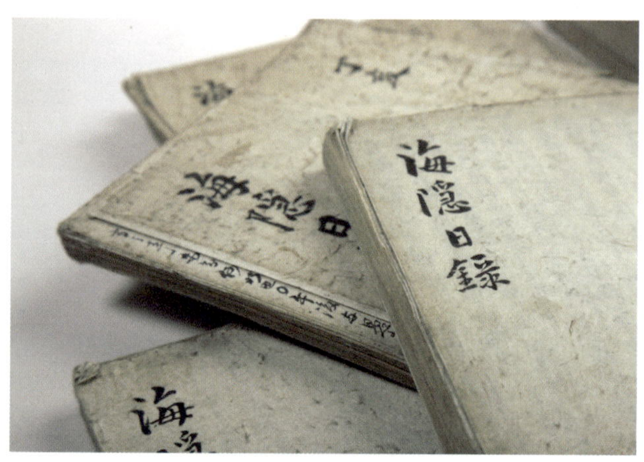

부산항 통상사무서 서기관 민건호가 1883년부터 1914년까지 쓴 일기인 『해은일록』
부산일보 제공

우리나라에서 최초로 커피를 즐긴 사람은 고종이라고 알려졌지만, 처음 커피를 맛본 사람은 따로 있을 것이다. 선교사와 인사를 나눈 서울사람일지, 미국인 해관장을 만난 부산사람이었을지 모를 그 조선인은 커피를 마시고 어떤 반응을 보였을까. 터키 커피를 처음 마시는 오늘의 나와 같은 모습이 아니었을까.

눈이 파란 이방인들은 도대체 왜 저 새카만 구정물을 마실까 생각했다가, 한 잔을 마시는 동안 그 맛과 향의 매력에 슬며시 빠져들었을 것이다. 마실수록 기분도 좋아져 신나는 발걸음으로 집으로 돌아갔겠지. 처음 맛본 가배의 향미를 되새기며 한밤중이 되어서야 잠들었을지도, 가배 한 잔으로 잠을 설친 다음날 아침 산책길에 슬그머니 그 맛과 향기를 떠올렸을지도 모를 일이다. 숭늉보다 진하고 구수하면서도 씁쓸한 맛이 맴돌아 괜히 입맛 한번 슬쩍 다시면서.

2화

오늘은
에스프레소를
마셔요

박 나는 에스프레소!

진 저는 콘파냐요.

박 설탕 좀 넣어볼까.

진 못 먹겠죠? 그니까 콘파냐 시키시지….

박 먹을 수 있거든!

<타타에스프레소바>

첫 대면의 강렬한 기억

> 에스프레소의 진정한 매력은 입안에 감도는 향긋한 향기와 달콤한 여운에 있고 그런 에스프레소 한 잔을 마시고 나면 마치 사랑하는 사람과 키스를 나눈 것과 같은 기분이 든다.
>
> - 허영만, 『허영만의 커피 한잔할까요』 중에서

"오늘은 오후에 에스프레소를 마시러 가볼까?"

책 집필을 위해 부산의 다양한 카페와 커피를 두루 경험하고 취재해야 하는 우리에게 '커피 마시러 간다'는 말은 곧 '취재하러 간다'는 말이 되었다. 막 출근한 진 작가에게 말했다. 오늘은 내가 에스프레소를 마셔야겠으니 거두절미하고 따르라는 강한 의미를 담은 한마디였다. 난 이미 에스프레소를 모험할 생각에 한껏 들뜬 상태였다.

머릿속에는 어느새 한 장면이 떠오른다. 이마에 깊게 주름이 패고 정돈된 콧수염을 한 전형적인 이탈리아 노신사가 나폴리의 작은 카페에서 에스프레소를 주문해 마시는 영화의 한 장면. 영화 속의 에스프레소가 그렇게 맛있어 보였다. 사실 그래서 평소 마시지 않던 에스프레소에 용기를 내어본 것일지도.

“우리 동네에 에스프레소 바가 있어요. 맛은 장담합니다. 거기로 가시죠.”

즉흥적이고 일방적인 계획에 당황할 만도 하건만 바로 준비 자세를 취하는 진 작가. ‘에스프레소’는 영어 익스프레스(express)에서 나온 말이라더니, 우린 그만큼 빠르게 결정하고 움직였다. 목적지는 <타타에스프레소바>.

손님이 커피를 주문한 뒤 테이블에 앉지 않고 바에 선 채 커피를 마신 뒤 가게를 나가는 에스프레소 바 특유의 모습도 이탈리아식 커피문화다. <타타>는 거기서 조금 변형된 형태로, 잠시 앉을 벤치형 의자와 작은 테이블도 준비되어 있다. 앉아서 커피 마시기를 즐기는 한국인의 취향을 반영한 것이리라.

커피를 언제 처음 마셨냐고 물어본다면 정확히 대답하기 어렵다. 하지만 에스프레소를 처음 마셨던 것은 20여 년 전으로, 그 기억은 진한 맛만큼이나 강렬히 남아있다. 그 이후 마신 에스프레소가 이 책을 쓰기 시작하면서 만난 영도 <모모스 로스터리&커피바>의 시그니처 메뉴 '모모스 맛사탕'이었다. '모모스 맛사탕'은 에스프레소에 우유를 섞어 독자적으로 개발한 각사탕인 맛사탕으로 단맛을 낸 메뉴다. 쌉싸름하고 묵직한 에스프레소에 달콤함이 곁들여져 아주 맛있게 마셨다.

첫 잔과 두 번째 잔 사이의 간극이 큰 것은 처음 마셔본 에스프레소의 강렬함 때문이다. 기억을 들추자 처음 에스프레소를 마신 그날의 장면들이 하나씩 떠오르기 시작했다.

군대를 막 제대하고 친구들과 서면의 어느 카페를 찾은 날. 에스프레소라는 낯선 메뉴가 눈에 띄었다. '내 취향이겠구나' 싶었던 걸 보면 당시에는 에스프레소를 진한 커피쯤으로 알았던 것 같다. 직원은 주문을 받아 적으며 메뉴에 대해 친절한 설명을 곁들였다. 특히 내가 주문한 에스프레소는 어쩐지 의무를 가지고 설명하는 듯했다. 대충 요약하자면, '굉장히 쓰고 강한

맛이라 원래 즐기는 사람이 아니라면 마시기 어렵다'는 말이었다. 후회하지 말고 다른 커피를 시키라는 것 같았다. 매운 한국 음식을 호기롭게 주문하는 외국인을 바라보는 시선이 그와 비슷할까?

직원은 설명을 끝내고 새로 주문을 받겠다는 기대 어린 눈빛으로 내게 "주문하시겠어요?" 하고 재차 물었다. 같이 온 친구들도 덩달아 그냥 다른 걸 시키라는 둥, 써서 못 먹을 거라는 둥 옆에서 거들었다. 오기가 생긴 나는 여유롭게 찡긋하는 표정까지 지어 보이며 에스프레소가 내 커피임을 강한 어조로 확인시켜주었다. 직원은 다시 "물이나 우유라도 드릴까요?" 하고 물었다. 에스프레소는 우유나 물과 함께 제공된다나. 뭐, 에스프레소에는 그런 법이 있나 보다 하며 그냥 우유랑 달라고 주문을 마쳤다.

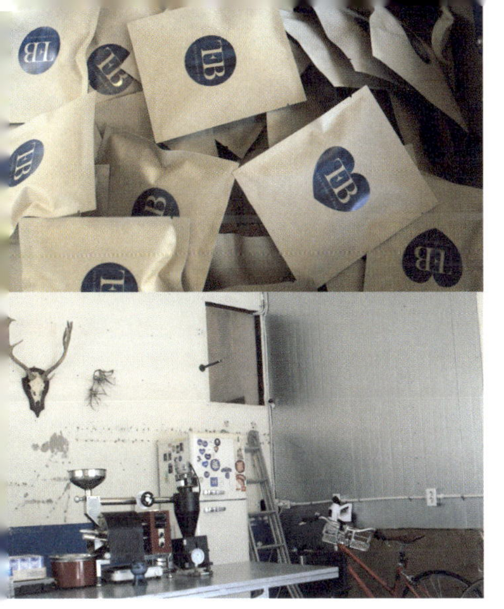

광안종합시장
골목에 위치한
<타타에스프레소바>.
사장님 부부가
이탈리아 북부도시로
신혼여행을 다녀 온 후
차렸다는 이 카페에서는
현지 맛을 최대한
살린 에스프레소를
맛볼 수 있다.

여차하여 주문한 커피가 우리 테이블로 서빙되었다. 그러나 주문 과정에서 이미 쓰디쓴 커피 한 잔을 원샷 한 것만 같았다. 그래서였을까? 에스프레소는 먹어본 적 없는 최악의 맛이었다. 이렇게 쓰고 까만 물 한 모금을 돈 주고 사 먹을 일인지. 하지만 속마음을 들킬까 봐 친구들 앞에서는 허세를 잔뜩 부리며 세 모금으로 나눠 마셨다. 아마 쓴맛에 일그러지는 표정까지는 숨기지 못했던지, 친구 놈들이 달콤한 커피를 마시며 연신 나를 힐끔거렸다.

허영만 작가는 『커피 한잔할까요』에서 '에스프레소는 사랑하는 사람과의 키스 같다'고 했지만 적어도 내 인생 첫 에스프레소는 향긋함, 달콤한 여운, 키스 같은 것과는 거리가 멀었다. 자판기 커피의 종이컵에 수북이 쌓인 담배꽁초를 떠올렸던 것 같다.

진짜 에스프레소의 맛

20여 년이 훌쩍 흘러 다시 마주한 에스프레소. 그 사이 나는 하루 커피 세 잔은 기본인, 커피 없이는 못 사는 사람이 되었다. 언급했던 것처럼 처음 에스프레소를 맛본 이후에는 에스프레소를 마신 기억이 없다.

다시 에스프레소를 앞에 두고 보니 20년 전 마신 에스프레소가 제대로 된 맛이었을까 하는 의문도 들었다. 이번에는 미지의 맛에 대한 두려움 대신 약간의 호감을 얹어 맛을 보았다. 진하고 쓴맛에서 커피 고유의 향미가 느껴졌다. 다만 한 잔을 다 마시기엔 부담이 있었다. 진 작가가 설탕을 가져다주었다. 그러고 보면 나폴리에서 에스프레소를 마시던 영화 속 이탈리아인들도 설탕을 넣어 마셨다. 입에 써서 먹기 곤란한데 그때 나는 왜 굳이 블랙을 고집했을까. 지금 생각해 보니 허세였다.

이번에는 남은 에스프레소 반 잔에 설탕을 적당히 넣어 마셨다. 정말 맛있었다. 몇 잔을 더 마시고 싶은 맛! 에스프레소 잔 쌓기 같은 SNS 문화도 조금은 이해할 수 있을 것 같다. 쓴맛이 달구나!

에스프레소는 다양한 커피 메뉴의 베이스가 되는 원액이다. 곱게 갈아낸 원두를 포터필터*에 담아 머신에 끼워 압축한 다음 고압의 뜨거운 물을 통과시켜 뽑아낸다. 그러니 당연히 진하고, 그래서 쓸 수밖에 없다. 그러고 보면 에스프레소에 대해 지금껏 오해하고 있었다. 하나는 에스프레소 맛을 그저 '쓴맛'으로 치부하고 있었다는 것이고, 다른 하나는 에스프레소도 카페마다 맛이 다른데 자판기 커피처럼 버튼 하나 누르면 그냥 다 똑같은 맛으로 추출되는 줄로만 알았던 것이다.

지금 마시는 에스프레소도 여전히 쓰지만 20년 전 에스프레소와는 다르다. 쓰고도 달콤하다. 마신 지 한 시간이 지나도 입 안에 기분 좋은 커피 향이 도는 맛이다. 오늘 하루가 힘들 것 같다면, 아침이든 점심이든 좋으니 진한 에스프레소 한 잔을 마시며 힘을 내보기를.

---

* 포터필터(Porter Filter): 분쇄한 커피 가루를 담는 필터. 커피 머신에 장착하는 것으로 손잡이가 달려 있다.

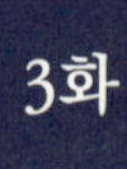

3화

커피의 바다, 변화의 물결

박 핸드드립할 때 물을 따르면 원두가 빵처럼 부풀잖아요.

바리스타 커피빵*이요?

박 네. 커피빵! 그게 생겨야 커피가 더 맛있는 거 아니에요?

바리스타 커피빵은 로스팅한 지 얼마 안 된 원두에 가스가 많아서 생기는 건데, 원두가 숙성될수록 줄어들어요.

박 그럼 커피빵이 있다고 무조건 맛있는 커피는 아닌 거네요?

바리스타 그렇죠. 맛없는 커피도 가스가 많으면 물을 부을 때 부풀어요.

카페 <헤이든>

커피 맛이 달라요

부산의 해안가 카페들은 동해의 수평선과 하늘이 맞닿아 시원하게 펼쳐지는 풍경이 일품이다. 특히 기장 일광의 카페들은 그 풍광으로 유명하다. 좋아하는 자리가 몇 군데나 있을 만큼 단골이 된 카페는 창밖으로 보이는 바다 풍경에다 길고양이와 갈매기, 그리고 가끔 검독수리의 정지 비행을 구경하는 재미가 쏠쏠하다. 기장 카페 취재를 마무리할 즈음 진 작가와 그 카페, <헤이든>을 찾았다.

러시타임이 아니라 카페는 조금 여유로워 보였다. 나는

* 커피빵: 드리퍼에 처음 물을 흘려 부어 커피 가루가 부풀어 오르는 모양을 커피빵(커피케이크)이라 부르며, 신선한 커피는 커피빵 모양이 이산화탄소의 영향으로 많이 부풀어 오른다.

바리스타에게 평소 손님에게 제공되는 방식과 다른 핸드드립을 부탁했다. 언젠가 바리스타가 여러 가지 방식으로 핸드드립을 해보았다는 이야기가 생각났기 때문이다. 이왕이면 모험적인 드립 방법을 체험하고 싶었다.

커피에 부은 물이 내려가는 동안 바리스타는 티스푼으로 원두 가루를 한 번 저었다. 이건 처음 보는 드립 방식이었다. '원두 가루에 물을 부을 때는 조심히 부어야 하지 않나?' 내 얼굴에 놀란 표정이 드러났는지, 바리스타는 이 역시도 핸드드립 방법 중 하나라고 말해주었다. 그러고 보니 예전에도 커피를 걸러 마실 때 저렇게 했다는 글을 읽은 적이 있다.

'끓는 물이 커피와 잘 섞이도록 숟가락으로 가끔 저어야 합니다'라고 1931년 「매일신보」 기사에 소개된 '브라질식 커피' 추출법과 비슷하다. 커피빵이 탐스럽게 부풀지 않아 아쉬웠는데 다른 방식으로 눈요기가 되었다. 바리스타는 핸드드립을 할 때 부푸는 커피빵 크기가 다른 이유를 원두의 로스팅 시기에 따라 가스 함유 정도가 다르기 때문이라고 설명했다. 커피가 다 내려지고 마셔보았다. 향도 맛도 꽤 진했다.

"제가 해봐도 돼요?"

커피를 두어 모금 마시던 진 작가의 조용하지만 임팩트 있는 한마디. 평소 솜씨를 발휘해보겠단다. 생각지 못한 제안인 듯 바리스타는 몇 초간 눈을 깜박이다가 재미난 일이 생긴 표정으로 포트에 물을 부었다. 자고로 가장 재밌는 게 남들 싸움 구경이라지. 두 사람이 드립으로 커피를 내리는 과정은, 내 상상 속에서 어느새 이들 간 대결 구도로 바뀌었다. 아마추어 진 작가와 전문 바리스타의 핸드드립 대결이다.

진 작가는 먼저 종이필터에 원두 가루를 언덕 모양으로 소복이 올린 후 평평하게 다졌다. 그리고 손가락으로 중간을 찍어 구멍을 만들더니 드립포트로 물을 떨어뜨렸다. 처음에는 영점조절이 안 되었는지 물줄기가 흔들리나 싶다가 이내 안정

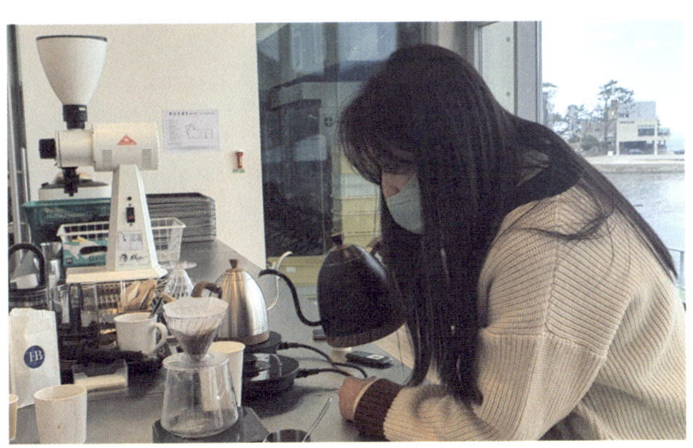

직접 핸드드립을 해보는 진 작가

감을 찾았다. 어느 정도 원두 가루가 물을 머금자 본격적으로 물을 내리기 시작한 진 작가는, 밑으로 추출되는 커피의 속도와 필터 위로 떨어뜨리는 물의 속도를 똑같이 맞추는 게 포인트라며 눈이 가운데로 모이는 것도 모른 채 집중했다. 호기로만 생각했는데 제법 나름의 방식이 있구나! 카페 직원들도 호기심을 못 이겨 슬쩍슬쩍 구경했다.

그렇게 내려진 커피를 이번에는 나와 진 작가, 그리고 바리스타도 같이 나누었다. 일단 향은 합격이다. 바리스타의 커피향과 미묘하게 다른 듯했지만 큰 차이는 없다. 한 모금 마셔본 맛은, 조금 놀라웠다. 바리스타가 내린 것과 달랐기 때문이다. 우리 셋은 앞서 마신 커피와 확연한 맛의 차이를 공감했다. 바리스타의 커피가 무거운 바디감에 산미가 살짝 더해진

맛이라면, 진 작가의 것은 산미가 드라마틱하게 바뀐 맛이었다. 산미가 쓴맛 위에 얹혀진 듯 산뜻했다. 가끔 텀블러에 담아오던 진 작가의 바로 그 커피 맛이 떠올랐다.

어떤 커피가 더 맛있는지는 중요하지 않았다. 같은 원두에, 다른 모든 조건이 같아도 핸드드립을 하는 사람에 따라 맛이 달라진다는 것이 중요했다. 문득 '어제의 나는 오늘의 나와 같은 사람일까?'라는 물음이 떠오른다. 커피 전문가가 아니어도 이런 맛의 변화를 만들어내고 맛의 차이도 알 수 있다는 사실! 커피에 대한 호기심이 더 커지는 듯하다.

커피 물길과 맛

박 이사와 바리스타의 커피빵 이야기에 정신이 팔린 사이, 막 내려진 커피가 내 앞으로 놓였다. 조금씩 시음해본 커피는 쓴맛이 강하고 탄 맛도 약간 느껴졌다. 로스팅을 강하게 한(다크 로스팅) 원두일까. 요즘 연습 중이라는 새로운 추출방식 영향일까. 어깨너머로 배웠던 방법으로 직접 추출해보고 싶다는 생각에 고민의 필터도 거치지 않은 말이 불쑥 튀어나왔다.

"제가 해봐도 돼요?"

잠깐 당황한 듯 보였던 바리스타는 친절하게도 기회를 주었다. 나는 평평한 원두에 손가락으로 콕 점을 찍고 조금씩 물을 붓기 시작했다. 집에서 먹을 때처럼 해보겠다며 큰소리쳤는데 막상 전문가가 보는 앞에서 해보려니 마음대로 되지 않았다. 원두는 내가 부은 물을 머금고만 있었고, 커피를 추출하는 시간은 오래 걸렸다. 겨우 내린 드립커피는 신맛이 강했는데, 좀 전에 바리스타가 추출한 커피와는 맛이나 향이 달라 꼭 다른 원두인 것처럼 느껴졌다. 같은 원두에서 이 정도로 다른 느낌이 나다니!

"뜸을 들이지 않으면 밥이 설익듯이 추출이 빠르면 원두의 좋은 향미를 뽑아낼 수 없어요. 추출이 너무 느려도 원하지 않는 향미까지 다 섞여 나올 수 있고요. 물의 온도에도 영향을 받고 물을 과하게 부었을 때도 다르고…."

자주 가는 카페 사장님이 '핸드드립은 배수를 얼마나 잘 하는가'에 달려있다고 말한 적이 있다. 미세하게 다른 원두 입자들 사이를 물이 통과해 지나가면서 원두 본연의 향미를 잘 뽑아내야 하는데, 물의 양이나 온도, 속도에 따라 커피 맛은 확연하게 달라진다고. 아마 바리스타와 내가 내린 커피 맛이 다른 것도 보이지 않는 커피 물길이 서로 달랐던 탓이리라.

시대와 함께 변해온 커피문화

저 멀리 따뜻한 나라에서 시작된 커피향이 현재 우리 삶에 스며들기까지 세 번의 거대한 물결이 있었다. 첫 번째 물결은 인스턴트 커피이다. 뜨거운 물만 부으면 완성되는 간편하고 저렴한 커피는 손쉽게 시장을 점령했다. 인스턴트 커피 인기와 때맞추어 우리나라에서는 다방이 전성기를 맞이했고, '커피 하나에 프림 둘, 설탕 셋'이라는 황금비율이 유행처럼 나돌았다.

1920년대 미국의 인스턴트 커피 광고

동아대학교 앞에 문을 연 <가비방> 2호점에서 일하고 있는 정동웅 씨, 본인 제공

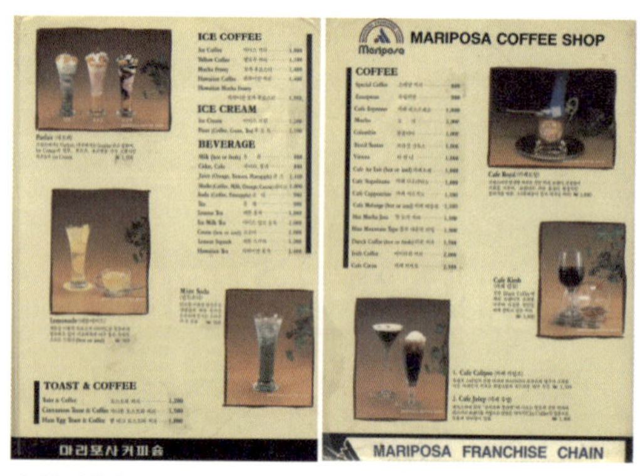

다양한 커피 메뉴와 음료를 안내하는 <마리포사> 메뉴판, 정동웅 씨 제공

1999년 한국에 1호점을 낸 <스타벅스>는
저렴하고 빠르게 먹을 수 있는 커피 대신
원산지와 제조일을 알 수 있는 신선한 커피와
거기서 파생된 다양한 메뉴를 제공했다.
다방에서 벗어나 카페라는 공간이
소비되기 시작한 것도 이때부터이다.

부산에는 <스타벅스>가 발을 딛기 전부터
젊은이들의 약속 장소로 인기를 끈
<가비방>과 <마리포사>라는 향토 브랜드가 있었다.

첫 번째 물결을 타고 다방이 성행했다면, 두 번째 물결을 주도한 것은 <스타벅스>였다. 1999년 한국에 1호점을 낸 <스타벅스>는 저렴하고 빠르게 먹을 수 있는 커피 대신 원산지와 제조일을 알 수 있는 신선한 커피와 거기서 파생된 다양한 메뉴를 제공했다. 다방에서 벗어나 카페라는 공간이 소비되기 시작한 것도 이때부터이다.

부산에는 <스타벅스>가 발을 딛기 전부터 젊은이들의 약속 장소로 인기를 끈 커피 전문점이 있었다. 1980~1990년대 부산에서 47호점까지 생겨난 <가비방>과 서면 상권의 중심역할을 했던 <마리포사>이다. <가비방>을 운영했던 정동웅 바리스타는 "카페로 손님을 찾는 전화가 걸려오면 마이크를 잡고, '○○○님, 전화왔습니다'라고 알려주기도 했다"며 당시를 회상했다. 기존 다방과 달리 커피 메뉴가 다양하고 커피 관련 교육과 세미나도 열었던 커피전문점의 존재는 당시 부산의 커피문화가 앞서갔음을 보여준다.

커피와 카페에 대한 사랑이 남다른 부산은 이제 '스페셜티 커피'라는 제3의 물결을 맞이하고 있다. 스페셜티커피협회(SCA)의 커핑* 기준으로 향미, 풍미, 신맛, 바디감, 여운 등

* 커핑(Cupping): 커피의 향과 맛의 특성을 평가할 때 쓰는 방법. 이런 검사를 전문적으로 하는 커피 감별사를 커퍼(Cupper)라고 한다.

의 점수를 매겨 100점 만점에 80점 이상인 고품질 커피를 스페셜티 커피라고 한다. 이는 쓴맛 일변도였던 기존의 커피맛과 차별화된 맛(산미, 신맛)의 발견이며, 커피 산지의 토양이나 기후 등 환경조건들이 특별하게 그곳만의 커피 맛을 만들어 준다는 사실에 근거한다. 좁게는 생두가 자란 환경을 포함한 향미 좋은 커피를, 넓게는 농부의 손을 거쳐 수확되고 유통되어 재가공에 이르기까지 뛰어난 품질을 유지하는 커피를 통칭하여 스페셜티 커피라고 부를 수 있다.

스페셜티 커피의 인기는 인스턴트 커피나 프랜차이즈 커피의 천편일률적인 맛에서 벗어나 다양한 스펙트럼의 커피 맛을 즐기려는 사람이 늘고 있음을 보여준다. 그 배경에는 맛있는 커피를 만들고자 꾸준히 노력해온 지역 로스터리들이 있다. 현지에서 질 좋은 생두를 직접 공수하는 부산지역 로스터들의 노력과 그들 각각의 개성이 밴 다양한 맛의 커피가 있어 스페셜티 커피를 사랑하는 사람들이 점점 늘고 있다.

4화

로스팅의 힘

진 아까 마신 커피 네 잔 중에 뭐가 제일 좋은 것 같아요?

박 나는 아이스 커피. 위스키 한 모금 머금었을 때 알콜 향이 묵직하게 나더라. 왜 다크 로스팅을 '슈트 입은 귀족'이라고 표현했는지 알 것 같아.

진 저는 게이샤 미디엄 로스팅 마실 때 향이 머리 한 바퀴를 도는 것 같던데요. 다크 로스팅 원두는 먹을 때는 잘 몰랐는데, 아직도 입안에 여운이 남는 게… 이래서 커피에 중독되나 싶네요.

* 생두를 로스팅할 때 열을 가하는 정도에 따라 여러 단계로 나뉘는데, 크게 다크 로스팅, 미디움 로스팅, 라이트 로스팅으로 구분할 수 있다.

<빈스톡커피>

로스터리의 개성이 담긴 로스팅

"내가 볶으면 이것보다 맛있겠다."

이 한마디로 부산의 로스터 모임 SRU(Small Roasters Union)가 시작되었다. 같은 생두를 서로 다른 뉘앙스로 볶을 수 있다는 생각에 모인 이들은 로스팅 대회를 열었다. 대회 방법은 간단했다. 한 가지 생두를 정하고 로스터들이 각자의 스타일로 로스팅한 뒤에 블라인드 테스트를 통해 가장 맛있는 원두를 선정하는 것. 이때 추출 방법에 따라 맛이 달라질 수 있으므로 모든 원두는 동일한 방법으로 추출한다. 월드 라떼 아트 챔피언이라고 해도 이 대회에서는 동네 작은 카페 사장과 동등한 대우를 받는다. 커피 앞에서는 그저 모두 같은 로스터일 뿐 명성이 중요하지 않다고 생각하기 때문이다.

"로스터들은 저마다의 커피 스타일을 뽐내고 싶기도 하고, 한편으로 자신이 추구하는 커피에 대해 객관적인 평가도 듣고 싶어 해요. 로스팅 대회가 그런 역할을 해줄 수 있는 거죠. 대다수 로스터는 카페를 운영하면서 고객들에게 커피 맛을 평가받는데, 그러다 보면 어떤 커피를 해야 할지 고민에 빠지기도 하거든요. 손님이 좋아하는 걸 해야 하는지, 내가 좋아하는 걸 해야 할지 말이죠."

SRU의 일원인 <미라클커피컴퍼니(MCC)> 이정훈 대표는 "친목으로 시작했던 로스터 모임이 다년간 로스팅대회로 이어지고 이제는 서로를 지지하는 모임이 되었다"고 말한다. 이 대회를 하며 자신의 커피가 최고라 생각해온 개성 넘치는 로스터들은 충격을 받기도 한다. 블라인드 테스트로 더 맛있는 커피를 발견하게 되기 때문이다. 이럴 때는 서로의 로스팅 프로파일을 확인하면서 로스팅 기계의 영향인지, 로스팅 포인트 탓인지 혹은 추출의 차이인지 즉석에서 토론도 이어진다.

Small Roasters Union(SRU)

SRU와 함께하는 부산 카페

SRU는 부산의 로스터들이 주축이 된 소규모 로스터 모임이다. 정기적으로 로스팅 대회를 개최하여 참가 로스터들의 정보 교류의 장을 마련하고 있다.

▷ 브레스커피
▷ 카페휘고
▷ 베르크로스터스
▷ 프리퀼
▷ 브루스
▷ 히떼 로스터리
▷ 나인커피

▷ Cafe 화이트콩
▷ 영배다방

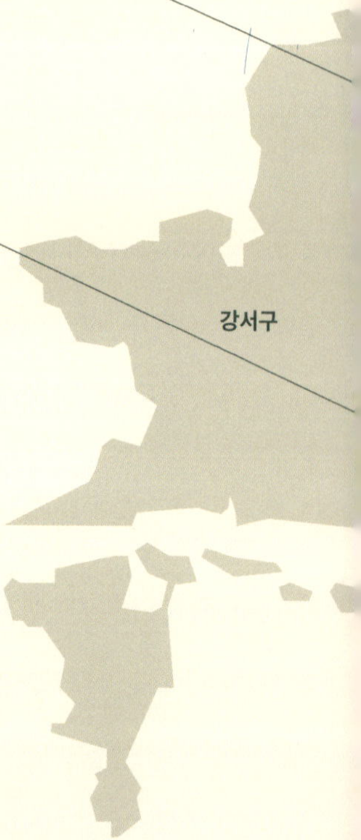

강서구

부산 외 참여 로스터리

서울
▶ 로앤엄

거제도
▶ 워닉커피로스터스
▶ 더삼촌

당진
▶ 카페인공작소

밀양
▶ 단장면커피로스터스

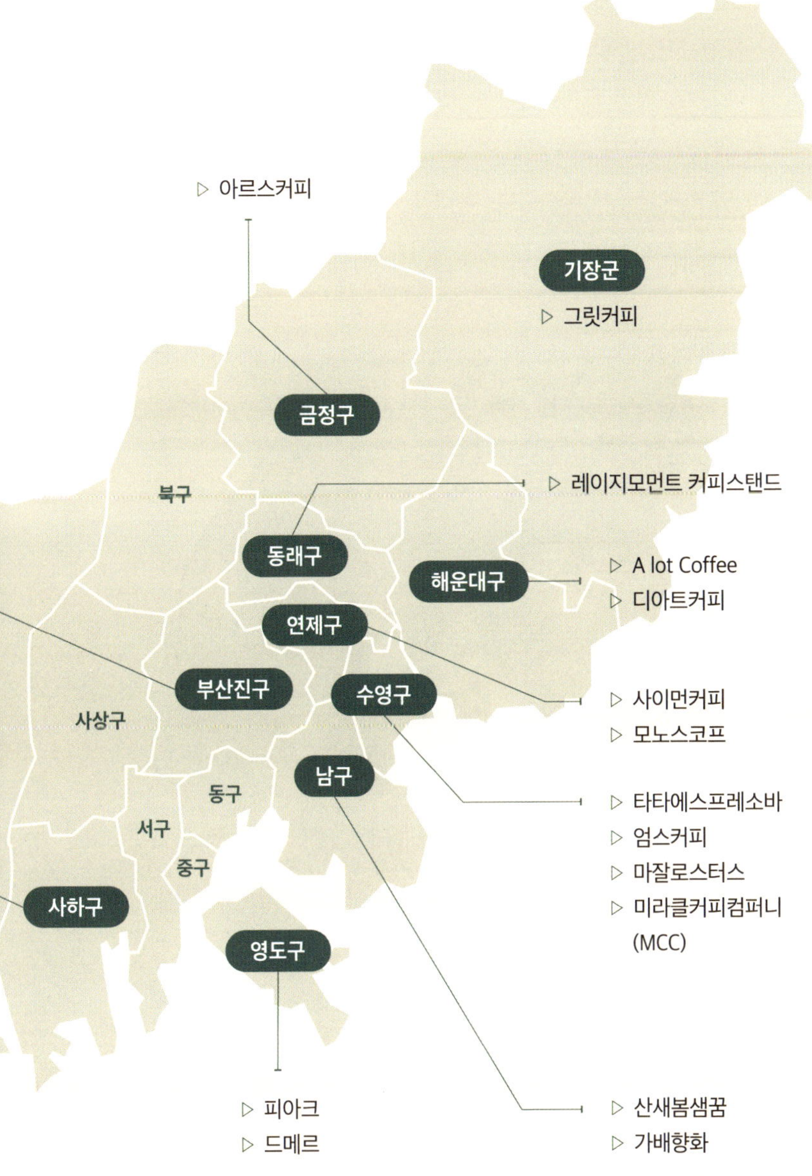
▷ 아르스커피
기장군
▷ 그릿커피
금정구
북구
▷ 레이지모먼트 커피스탠드
동래구
해운대구
▷ A lot Coffee
▷ 디아트커피
연제구
부산진구
수영구
▷ 사이먼커피
▷ 모노스코프
사상구
남구
동구
▷ 타타에스프레소바
▷ 엄스커피
서구
▷ 마잘로스터스
중구
▷ 미라클커피컴퍼니 (MCC)
사하구
영도구
▷ 피아크
▷ 드메르
▷ 산새봄샘꿈
▷ 가배향화

커피(Coffee)는 아랍어 '힘(Caffa)'이라는 말에서 유래되었다는 설이 있다. 마시는 사람에게 힘을 불어넣는다는 것일까. 커피와 사랑에 빠진 사람이 내어주는 한 잔 커피에 그만의 열정이 담기게 마련이다. 우리가 커피를 마시고 힘이 솟는 것도 커피 하는 이들의 열정을 마시기 때문이 아닐까.

로스팅 중인 <하가 빈> 하오용 대표. <하가 빈>은 2000년 부산 남구에서 제1호로 원두커피 제조 허가를 받고, 커피를 로스팅하여 판매한 부산 지역 향토 브랜드이다.

오래도록 다크 로스팅 커피를 추구해온 <빈스톡커피> 박윤혁 대표에게 왜 다크 로스팅 커피를 해왔느냐 묻자 "그걸 좋아하기 때문"이라고 대답한다. 미디엄이나 라이트 로스팅 커피는 알록달록 예쁘게 차려입은 화려한 여인 같다면, 다크 로스팅은 검은색 슈트를 입은 신사처럼 한결같이 멋지다고. 그래서 어떤 자리라도 어울리는 검은색 슈트 같은 커피가 좋단다. 그는 다크 로스팅이 깊은 맛을 낸다는 자신만의 철학을 담아 '딥(Deep) 로스팅'이라 부르고 있다.

'딥 로스팅'의 깊은 맛

박윤혁 대표가 한 손에는 융 드리퍼를, 다른 손으로 황동색 주전자를 쥔다. 곧 주전자의 입에서 한 방울씩 물이 굴러나오며 융 드리퍼 안의 게이샤 원두에 스며든다. '융(면)'으로 만든 드립퍼를 이용해 '점'처럼 물을 한 방울씩 흘려 붓는 '융 점드립'이다. 빠르게 굴러나온 물방울은 이내 융 드리퍼를 적시기 시작하고 어느새 아래쪽으로 새카만 물방울이 떨어진다. 주전자에서 나온 물방울이 유리구슬 같았다면, 원두를 통과해 나오는 물방울은 흑진주처럼 까맣게 반짝인다. 드리퍼를 쥔 손은 끊임없이 돌아가고, 기계에서 찍혀 나오는 것처럼 주전자의 물방울도 수없이 굴러 나온다. '지옥보다 검게' 보이던 커피 방울의 색깔이 옅어지기 시작하면 추출은 끝난다.

이 또한 물이 원두를 투과하는 추출 방법인데, 융 드리퍼 끝에 매달린 피처럼 진하고 무거운 물방울을 보고 있으면 꼭 원두라는 열매를 짜낸 에센스 같기도 하다. 커피 원두의 오일이 대부분 걸러져 깔끔한 페이퍼 드립에 비해, 융 드립은 오일이 더 많이 추출되어 커피와 섞이면서 질감이 두터워지고 맛이 부드럽다.

기다림 끝에 드디어 커피잔을 들어 올려 향을 맡고 작게 한 모금을 머금는다. 아…. 온갖 향이 머리를 한 바퀴 휘돌고 지나간다. 입안에서 커피를 이리저리 굴리는 동안 여러가지 향이 피었다 지고, 조금씩 줄어드는 커피에 안타까운 마음 일어난다.

집으로 돌아가는 길, 입안을 맴도는 예멘 마타리 다크 로스팅의 향미를 곱씹어보았다. 생두가 원두로, 물이 커피로 변하는 과정이 꼭 마법 같다. 로스팅의 힘(Caffa)을 알아갈수록 마법에 빠진 사람처럼 맛있는 커피를 찾아 헤매게 될 것 같다.

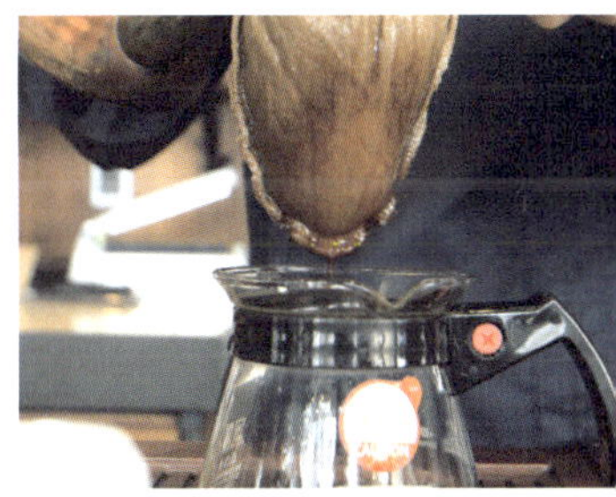

송도 <빈스톡커피>에서 만난
커피 1세대 박윤혁 대표.
그의 '딥 로스팅' 커피는
오랜 경력만큼 깊고 진하다.

5화

부산
'스페셜티 커피'

진 어때요? 청포도 맛이 나요?
박 청포도? 잘 모르겠는데.
진 여기 커핑 노트에 청포도라고 적혀 있는데요.
박 음…. 확실히 산미는 좋네.

<모모스커피>

뛰어난 품질의 생두, 특별함을 입다

'스페셜티 커피'는 고품질 원두로 고품질 향미를 지향한다. 우선 작물로서 생두가 가장 신선하고 이상적인 상태로 수확되어야 한다. 농지의 독특한 떼루아*와 농작 방식에 따라 개성 있는 풍미를 가진 생두를 발견하기도 하는데, '스페셜티 커피협회(SCA)'의 내셔널 저지에게 80점 이상을 받아야 비로소 스페셜티 커피로 인정된다. 국가별, 농장별 생두의 개성을 존중받을 수 있으면서도 까다롭고 엄격한 기준을 충족해야 하는 것이다. 이처럼 커피가 생산되기까지의 수많은 요소 덕에 우리는 다양한 맛의 커피를 즐길 수 있다. 말하자면, '스페셜티 커피'는 애호가들이 최고 수준의 커피를 다양하게 즐기도록 해주는 데 의미가 크다고 하겠다.

---

* 떼루아([프랑스어]terroir): 커피 열매가 자라는 지역의 풍토

영도구 봉래동 선착장 앞 <모모스 로스터리&커피바>

부산의 유명 로컬 브랜드인 <모모스커피> 영도점 <모모스 로스터리&커피바>에서는 스페셜티 커피 생두의 보관부터 로스팅이 이루어지는 모든 과정을 볼 수 있다. <모모스 로스터리&커피바>가 자리한 영도 봉래동은 근처 조선수리소로 유명한 깡깡이마을의 연장선에 있는 항구 마을이다. 온천장의 본점을 리뉴얼 할 때 본점에서 하던 원두 생산을 대신할 장소로 옛 제조공장을 개조하여 지금의 영도점이 만들어졌다.

유명 로컬 카페의 입점에 사람들의 왕래가 잦아지면서 한적한 항구 분위기도 한층 밝아졌다. 이곳에서는 생두를 로스팅하여 원두를 생산하고 그것으로 커피 한 잔을 만들어내는 전 과정이 진행되는데, 마치 쇼룸처럼 꾸며져 있어 방문객이라면 누구나 그 과정을 다 볼 수 있다. 기다리는 손님들에게는 맛보기 커피도 서비스한다.

<모모스커피>가 산지에서 직접 들여온 스페셜티 커피 생두와 생두 저장고(사일로)

이곳의 시그니처 메뉴라는 '모모스 맛사탕'이 눈에 띈다. 에스프레소에 우유를 섞고 '맛사탕'이라는 모모스만의 특별 레시피로 제조된 각사탕으로 단맛을 낸 메뉴다. 처음 이곳을 찾았을 때엔 개인적 이유로 에스프레소라 조금 망설였는데 마셔보니 맛이 좋았다. 커피를 내리는 바리스타 곁에서 이런저런 커피 이야기를 묻고 듣는 것도 재미다.

부산 로컬 로스터리,
스페셜티 커피를 더욱 풍성하게

"부산의 로컬 카페에서는 정말 맛있는 '스페셜티 커피'를 즐길 수 있습니다!"

나는 스페셜티 커피를 찾는 이들에게 당당하게 이렇게 말할 수 있다. <모모스커피>를 비롯한 여러 부산의 로컬 카페들은 '스페셜티 커피'를 위해 현지에서 그린빈 바이어*와 커피 헌터** 역할을 하며 중간 유통 과정 없이 커피 농장과 직접 교류한다. 덕분에 소비자는 질 좋은 뉴크롭*** 커피를 합리적이고 대중적인 가격으로 즐길 수 있다. 커피 산지에서 생두

* 그린빈 바이어: 생산자에게 생두를 구매해 수입하는 직업

** 커피헌터: 질 좋은 생두와 우수한 품종을 찾아 그린빈 바이어와 연결하는 직업

*** 뉴크롭: 생산된 지 1년 미만의 생두

를 수입하는 로컬 카페가 점차 늘어나며 부산 커피가 성장하고, 이를 동력으로 부산이 커피 도시의 모습을 갖추게 되었다고도 할 만하다. 부산시 자체적으로도 이 같은 흐름에 발맞추고 있다. 부산이 '스페셜티 커피 도시'로 성장할 가능성이 매우 클 것으로 예상해 '2020 부산 유망업종'으로 스페셜티 카페를 선정하기도 했다.

<인얼스> 최정훈 대표와 두어 시간 이야기를 나누며 부산의 '스페셜티 커피' 시장이 성장한 기점에 대해 어느 정도 힌트를 얻었다. 최 대표는 커피 사업을 시작하고 얼마 지나지 않아 좋은 커피를 하고 싶어 하는 부산의 카페들을 만났다고 한다. 서로 마음이 맞고 사람이 좋았던 이들은 다소 모험적이었지만 산지에서 좋은 커피를 직접 고르고 구입하기로 했다. 그렇게 <인얼스>와 <블랙업>, 그리고 <모모스커피>는 아프리카와 남미 등 커피가 재배되는 곳이라면 세계 어디든 누비게 된다. 그린빈 바이어 일을 배울 곳은 없었다. 맨땅에 헤딩하듯 현지에서 하나하나 경험을 쌓아야 했다. 시간이 지나면서 부산에는 가장 좋은 생두를 직접 수입하여 로스팅하는 카페들이 하나둘 생겨났고, 들여온 좋은 생두를 다른 카페들과 함께 사용하며 부산의 스페셜티 커피 시장이 자리를 넓혀왔다.

<마리스텔라커피> 이정민 대표는 농장주와 농부들을 '친

구'라고 했다. 다년간 산지를 다니며 생산자들의 삶을 이해하고 대화로 마음을 나누면서 특별한 관계를 맺어온 까닭이다. 이정민 대표와 일행이 현지에 머물 때 한번은 농부들이 끓여주는 커피를 맛볼 기회가 있었다. 우리가 마시는 '스페셜티 커피'와 맛의 차이가 컸다. 이정민 대표는 생산자인 그들이 커피 맛을 아는 것이 중요하다는 생각에 농부들에게 커피를 대접하고 핸드드립 교육도 진행했다고 한다.

이렇게 형성된 오래된 친구 같은 관계 덕분에 생두를 구입한 후에도 피드백이 잘 된다. 좋은 생두를 구하는 데서 끝나는 것이 아니라 현지에서 생산되는 커피가 더 경쟁력을 가질 수 있도록 역할을 하는 것이다. 그러면 다시 커피가 재배되고

바이어는 또다시 좋은 커피를 구입할 수 있는 선순환구조가 형성된다. 부산의 스페셜티 커피 시장이 성장하며 다양한 커피를 시민들에게 제공할 수 있게 되기까지, 로컬 카페들의 이 같은 노력이 주효했던 것이다.

<마리스텔라커피>에는 '보수동 블렌드'라는 이곳만의 블렌딩 커피가 있다. 부산 보수동 책방골목은 몇 년 사이 재개발 열풍으로 사라질 위기에 처했고, 몇몇 서점들이 퇴거 통보를 받기도 했다. 이정민 대표와 부부 공동대표인 박성우 대표는 학창시절 헌책을 사고 고로케를 사 먹던 추억을 떠올리며 커피인으로서 이러한 지역의 유산을 지키는 데 힘을 보태고 싶었다. 그렇게 헌책방 골목의 추억을 담아 이름 지은 '보수동

<마리스텔라커피>에서 판매하는 보수동 책방 커피 '보수동 블렌드'

초량동 <마리스텔라커피>에서는
'보수동 블렌드' 외에도
다양한 스페셜티 커피를 맛볼 수 있다.

블렌드'가 탄생했다. 로컬의 향기가 물씬 느껴지는 이 커피는, 네 가지 에티오피아 원두를 블렌딩하여 만들었으며 과일 맛이 나면서도 부드럽다.

커피 판매 수익으로 보수동 책방골목을 홍보하고, 보수동에 자리한 시니어 클럽에 커피를 후원하기도 한다니, 보수동 블렌드야말로 부산의 사라져가는 문화를 지키는 귀한 커피가 아닐까.

6화

어제 마신 커피, 오늘 마신 커피

박 ‘커피 백배 즐기기’ 라고 할만한 팁이 있을까요?

전주연 바리스타 커피에 대한 호기심만 있으면 될 것 같아요. 어제와 다른 커피의 맛을 알아차리는 호기심.

<모모스커피>

나는 커피를 참 많이 마신다. 하루 세 잔은 기본이다. 가끔은 일부러 커피를 안 마시는 날을 정해놓기도 하는데 실천하기가 여간 힘든 게 아니다. 그래서인지 스스로 커피 맛을 꽤 안다고 생각했다. 취재차 카페를 찾아다니고 다양한 커피를 경험하면서 스페셜티 커피의 풍부한 맛을 보았다. 그러자 커피 맛의 새로운 차원이 열렸다. 하지만 커피에 대해 좀 알아가나 싶을 때 셀 수 없이 다양한 커피의 향미를 알고 나니 다시 커피가 어려워진 것 같기도 하다.

부산에는 월드 바리스타 챔피언 전주연 씨가 활동하고 있다. 그는 <모모스커피> 창립멤버 중 한 명으로 10여 년의 노력 끝에 2019년 ‘월드 바리스타 챔피언십(WBC)’ 대회에서 우승컵을 거머쥐었다. 현재는 <모모스커피> 대표이사직을 맡고 있다.

<모모스커피>에는 전주연 씨 외에 또 한 명의 세계 챔피

언이 함께 일하고 있다. 그는 2021년 월드 컵 테이스터즈 챔피언십(WCTC) 대회에서 우승한 부산 출신의 컵 테이스터* 추경하 씨다. 전주연 씨를 만나 취재하는 도중 추경하 챔피언이 일하는 모습도 볼 수 있었다.

"스페셜티 커피를 잘 모르는 커피 초급자들은 커피를 어떻게 즐기면 좋을까요? 예를 들어 '커피 백배 즐기기'라고 할 만한 팁이 있을까요?"

"커피에 대한 호기심만 있으면 될 것 같아요. 어제와 다른 커피의 맛을 알아차리는 호기심."

세계 챔피언의 답변을 궁금해 하며 핸드드립의 포인트, 혹은 커피 맛을 분별하는 법을 알려주지 않을까 기대했다. 그런데 자주 들었던 질문이었는지 전주연 바리스타는 잠시도 뜸을 들이지 않고 명확하게 답을 내놓았다. 마침 지난 취재에서 진 작가와 같은 원두로 다른 맛을 경험해본 터라 공감이 되었다.

1시간 정도였을까? 전주연 바리스타와 이야기를 하는 동안에도 커피의 맛이 달라졌다. 먼저, 나는 따뜻하게 나온 커피를 기분 좋게 음미했다. 그리고 이야기를 하는 동안 커피가 식

* 컵 테이스터: 커피 맛을 분간하는 사람

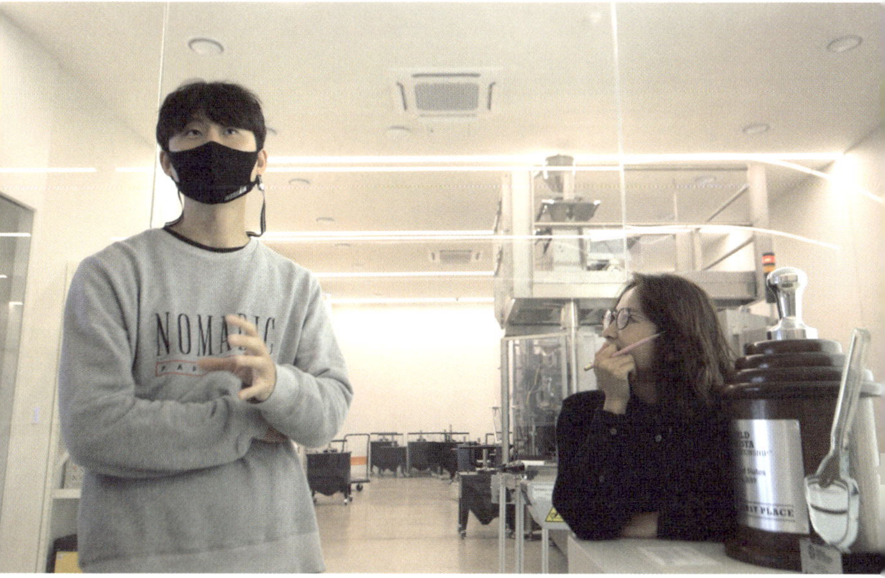

2021 월드 컵 테이스터즈 챔피언 추경하 씨(왼쪽)와 2019 월드 바리스타 챔피언 전주연 씨(오른쪽)

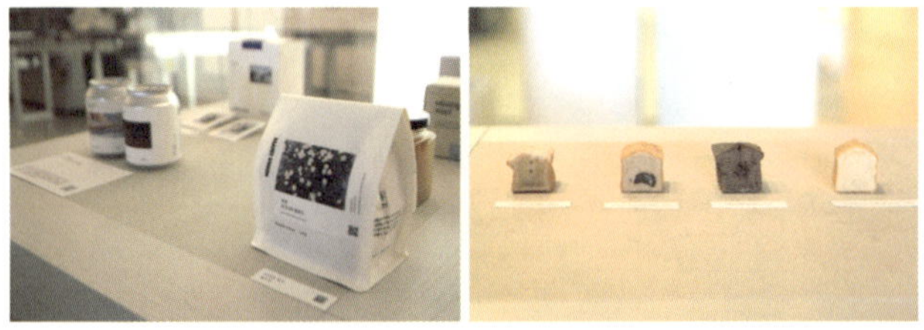

으면서 처음에 느끼지 못했던 향과 맛을 느꼈다. 혀끝에서 미묘하지만 더 선명한 맛이 느껴졌다. 좋은 커피는 식는다고 맛이 없어진다기보다, 맛의 색깔이 바뀌는 것 같다. 이런 순간이 바로 커피를 즐기면서 호기심이 발동하는 찰나가 아닐까. 그

후로도 우리는 1시간 정도 더 이야기를 나누었고 나는 커피 맛의 변화를 관찰하며 조금 남은 커피를 최대한 아껴 마셨다.

커피를 알아가면서 다양함과 다름을 알게 되었다. 최고의 커피를 가리는 COE(Cup of Excellence)에서도 같은 커피에 대해 심사관들의 호불호가 나뉜다. 하나의 커피를 두고도 사람의 경험은 저마다 다를 수 있다. 누구는 전혀 호감을 느끼지 못하는 커피에 어떤 이는 새로운 맛을 찾아내 화려한 감탄사로 커피를 표현할 수도 있는 것이다. 사람들이 저마다의 개성이 있는 것처럼 커피도 다양한 개성을 지닌다.

7화

부산 떼루아

"10년 전에는 해외 산지에서 직접 생두를 사오는 것이 쉽지 않았어요. 좋은 커피를 구하기도 힘든데, 맨땅에 헤딩하듯 산지에 가면 농장이 이미 다른 나라의 카페들과 거래하고 있었어요. 어찌어찌 생두를 받는다 해도 20피트 컨테이너 하나에 실을 만큼 사려면 작은 카페들이 돈을 모아야 했어요. 그런데 그것으로 끝이 아니에요. 생두도 농산물이라 오래 두고 사용할 수 없어서 제때 소진해야 하거든요. 그러니 돈을 마련하여 생두를 사오는 것도, 사온 생두를 모두 소진하지 못하는 것도 고민이었지요. 당시 부산은 지금처럼 원두커피를 마시는 카페가 많지 않았거든요. 그러다 어느 순간에 원두커피를 좋아하는 인구가 늘었어요. 믹스에서 원두커피 시대로 넘어오며 산미 위주의 재료, 산지별 커피, 스페셜티 커피가 요즘의 대세잖아요."

<인얼스커피> 최정훈 대표 인터뷰 중에서

커피 향미와 커피 취향

커피나무에 핀 꽃에서는 어떤 향기가 날까? 자스민과 닮은 하얀 꽃이 떨어지면 곧 열매가 맺힌다. 선홍빛의 커피체리를 수확하여 과육을 벗겨내고 잘 말린 것이 커피 생두이다. 생두는 로스터(커피를 볶는 사람 또는 커피 볶는 기계)에서 뜨겁게 볶여 원두가 되는데, 이때 생두 세포 속에 숨은 성분이 인간이 향미를 느낄 수 있는 물질로 화학변화를 일으킨다. 우리가 잘 알고 있는 커피향은 초콜릿 빛깔로 잘 볶인 원두에서 맡을 수 있다.

커피 원두 각각의 개성을 살린 스페셜티 커피의 인기가 늘어남에 따라, 생두의 특성(생산 지역, 농장, 재배고도, 품종, 가공방식, 향미 등)을 이전보다 세밀하게 분류하고 있다.

커피를 마실 때 우리는 맛과 향을 동시에 느낀다. 커피의 향기를 아로마(Aroma)라 부르며, 커피를 한 모금 입에 머금고 숨을 내쉴 때 코 뒤쪽 경로를 통해서 향을 느낄 수 있다.

원두커피의 아로마에 눈을 뜨고, 나는 커피 취향이 생겼다. 된장찌개라고 모든 집 된장찌개 맛이 같지 않듯, 커피라고 모두 같은 것이 아니었다. 원두커피를 마시기 전 내가 알고 있었던 커피는 겨우 음료나 아이스크림에 첨가한 맛 정도였다.

그 맛과 크게 다르지 않은 믹스커피를 마시고 잠 못 들어 뜬눈으로 지새운 밤들을 떠올리면 원두커피의 맛과 향을 알게 된 건 신세계의 발견이었다.

로스터가 결점두*를 고르는 작업부터 로스팅하는 과정과 숙성 기간을 거친 원두로 커피 한 잔을 내리는 작업을 지켜보면, 누구든 커피의 아로마를 즐기는 시간을 더욱 고급스럽고 풍성하게 느낄 것이다.

커피 향미의 뿌리, 떼루아

> 생두는 팔면체 형태의 저장 세포들로 구성되어 있다. 커피콩 하나를 구성하는 세포의 수는 놀랍게도 30~40만 개에 이른다. 독일 샤프하우젠의 바우만 교수에 따르면, 볶는 과정에서 이 각각의 세포로부터 약 1,000여 가지에 이르는 아로마가 나타난다.
> - 장수한, 『인디커피교과서』 중에서

한 바리스타는 원산지별 생두를 각국의 미녀에 빗대어 표현했다. 나라별 미녀들이 각자의 매력을 가지고 있듯 생두가 가진 개성도 원산지의 떼루아에 따라 다르다는 것이다.

---

* 결점두: 불완전하고 품질이 떨어지는 커피콩

열대지역에서 자라는 커피는 해발고도와 온도, 태양, 강우량, 바람, 토양의 질에 따라 생두의 품질과 향미가 달라진다. 산 중턱에서 자란 사과와 산 아래에서 자란 사과 맛이 다르고 영주에서 키운 사과와 밀양의 얼음골 사과 맛이 다른 것과 비슷한 이치다. 생두는 그만의 특징을 품고 자란다. 우리가 즐기는 커피향과 아로마는 바로 이 떼루아에서 시작된 것이다.

복잡하고도 오묘한 커피 향미를 즐기며 여러 잔의 커피를 마셨더니 밤늦은 시간까지 잠이 오지 않았다. 옥탑방에 앉아 늦봄의 시원한 밤바람을 쐬면서 나는 과연 어떤 떼루아의 생두인가 생각해보았다. 산도 많고 물도 많은 부산에서 태어나 짭짤한 바닷바람을 쐬면서 자랐으니 부산의 떼루아를 제대로 품었을까. 바람 부는 바다처럼 거친 듯하지만 잔정도 많아 피란민을 품고 성장한 부산의 독특한 향미가 내 안에도 있을까. 내 삶도 뜨겁게 로스팅하면 언젠가는 나만의 향기로운 아로마를 뿜어낼 수 있을까. 그런 글을 쓸 수 있을까.

8화

뷰 맛집
해안가 카페

박 여가, 예전에는 그냥 촌동네였다.

진 큰 카페들이 이렇게 많은데요? 주말에 사람 진짜 많이 오겠다.

박 바다가 이쁘고 경치가 좋다 아이가. 이 동네 해안길을 걷다 보면 해수면이 눈높이와 비슷해서 마치 바다 위를 걷는 기분이 든다.

기장 연화리에서

어촌마을 해안가 풍경이 바뀌다

부산은 바다의 도시다. 항만 물류, 크고 작은 포구의 어업, 바다를 콘텐츠로 하는 관광 상품들…. 그래서인지 내 시각의 프레임에도 늘 바다가 담겨있다. 내가 부산에 살아 좋은 이유 중 하나다.

'바다의 도시'답게 부산은 해안로가 매우 길다. 시원하게 펼쳐진 해수욕장뿐만 아니라 크고 작은 포구와 대가 많아 그 길이를 다 이어 계산하면 약 280km나 된다. 해안로는 무척이나 아름답고 다양한 모습을 하고 있다. 경치가 좋은 바닷가에는 음식점과 상점들이 들어섰다. 커피 소비가 날로 늘며 전국적으로 카페가 많이 생겨나기 시작했는데 부산도 예외는 아니다. 특히 해안로가 길고 아름다운 부산에서는 해안 중심으로도 크고 작은 카페들이 들어서며 상권의 변화를 주기 시작했다.

(위) 대변항의 멸치털이
(아래) 여전히 어업이 활발한 어촌마을에도 다양한 카페가 어우러지고 있다.사진 왼쪽에 늘어선 카페들이 보인다.

기장의 카페는 해안문화의 현대적 이미지를 대표한다. 기장 일대의 해안가는 오랫동안 군사보호구역이었던 곳이 많았다. 일반인의 발길이 닿지 않은 해안가 곳곳에 자연 그대로의 아름다움이 남아있다.

기장면 시랑리에는 공수포가 있다. 이곳에서 장안읍까지 이어지는 해안선은 길이가 40.7km에 이르는데, 경관이 아름다워 드라이브 코스로도 인기다. 시랑리 근처에 연화리가 있

영도 흰여울마을 카페 전경

다. 신암마을과 서암마을을 합친 포구마을로, 내가 가장 좋아하는 곳이기도 하다. 바로 옆에는 '멸치 축제'와 전복죽 등 해산물 요리가 유명한 대변항이 있다. 대변항 멸치는 대멸치나 특대멸치로, 어른 손가락보다 굵다. 우리나라 생산량의 거의 절반에 해당하는 양을 해마다 잡아들인다. 이처럼 항으로서의 역할이 아직도 왕성한 해안 마을에도 아기자기한 카페가 많다. 집을 카페로 꾸민 곳도 있고 레트로 감성이 물씬한 다방을 컨셉으로 한 카페도 있다.

일광에는 이른바 '뷰 맛집'으로 유명한 카페들이 많은데, 이곳들은 대형 카페로 거점화되는 특징이 있다. 일광의 어느 카페는 건축 당시 카페 건물에 비해 상당히 넓은 주차장을 확보하였다. 주변 지인들이 주차장이 필요 이상으로 넓은 게 아니냐고 한마디씩 했지만 카페 대표는 아랑곳하지 않았다. 카페를 오픈하자 그의 혜안을 증명이라도 하듯 러시타임에는 주차장이 꽉 차다 못해 일대의 도로가 마비될 정도로 카페로 들어오는 차량이 길게 이어졌다. 맛있는 커피와 빵은 기본이고, 카페 건물 주변의 풍광도 큰 몫을 했다. 소나무와 잔디밭, 동해를 바라보는 해안 풍광을 그대로 살려 카페 안과 밖은 모두 카페의 공간이 된다. 독립된 건축물로서 주변 환경의 특성을 잘 살린 케이스다. 자연 친화적인 주변 명소는 상호보완적 환경을 만들었다. 지금은 주차 공간을 더 확보했다. 양방향 2차선인

도로는 원활한 흐름을 찾았다.

부산의 해안에는 카페가 있다

이 경우처럼 입지환경의 장점을 살린 건축카페가 해안가를 중심으로 들어서고 있다. 요즘은 인스타그램, 유튜브 등 개인이 운영하는 소셜미디어의 홍보 효과가 크다. 그러다 보니 가깝게는 부산이나 울산권에서, 멀게는 서울 등 전국에서 주말의 여유를 즐기려 이곳을 찾는다. 자가용이 없는 젊은 커플은 렌트카를 이용하여 카페와 인근을 찾는다고도 한다. 개인의 행복과 만족을 위해서라면 소비에도 적극적인 시대다. MZ세대를 중심으로 하는 이런 소비행태는 해안가의 카페와 상권

기장 죽성리 <메르데쿠르>

기장 동백리 <헤이든>

이 흥하는 이유 중 하나이기도 하다.

기장 일대만이 아니다. 다대포 등 서부산 지역과 영도에도 역시 카페가 많다. 영도는 특히 카페 축제를 여는 등 카페와 커피 산업에 공을 들이고 있다. 실제로 청년 창업과 일자리 창출에도 효과가 있다고 한다. 유명 로컬 카페인 <모모스커피>도 영도에 공장형 카페를 열었고, 무민 라이센스 제품 등 캐릭터 용품이나 사무용품을 만드는 <신기산업>은 사옥을 카페이자 브랜드 스토어로 운영하며 유명세를 탔다.

바다의 도시 부산. 아름다운 자연 풍광을 함께 즐기는 해안가 카페가 부산과 바다, 그리고 커피라는 이미지를 한 데 묶고 있다.

기장 학리 <카페숲>

영도 <신기산업>

9화

피란 문인의 아지트 〈밀다원〉 다방

부민동 임시수도기념관에는 옛 <밀다원> 다방의 모습을 재현한 공간이 있다.

- 다 들어온나. 여 커피 골라봐라. 아메리도 있고, 뭐 다른 거도 있고.
- 빵도 맛있겠네. 근데 배불러서 못 묵겠다. 그냥 나는 아메리 한 잔 해도.
- 알겠다. 정자야, 니도 아메리제? 뜨신 거? 찬 거?
- 언니야, 나 추브서 찬 거 못 묵는다. 뜨신 거.
- 여기요, 사장님. 우리 아메리 뜨신 거 세 잔 주소.

<카페해우리>

카페, 자신만의 아지트

왁자한 소리와 함께 아주머니 셋이 카페로 들어왔다. 작은 카페에 사장님과 단둘이 있으려니 민망하다 싶었는데 한순간에 분위기가 반전되었다. 차라리 오늘 읽어야 하는 책이나 보면서 둘이 있는 게 낫지 않았을까. 분위기에 따라 내 생각도 반전되는 사이, 자리를 잡은 아주머니들의 본격적인 수다가 시작됐다. 이 집 저 집 얘기, 이 가게, 저 가게 이야기를 넘나들던 부산 아주머니들은 커피를 홀짝거리면서 무아지경 수다의 꽃을 피웠다.

그러다 동네를 떠도는 남녀상열지사가 나오자 아주머니들의 목소리가 일순 작아졌다. 아주머니들의 목소리가 작아지자 신기하게도 이야기는 더 잘 들렸다. 그즈음 나도 궁금증이 커져 버려 귀를 쫑긋대고 있었고, 카페 사장님 또한 무슨 이유에서인지 하던 일을 멈춰 조용해졌기 때문이리라.

카페를 찾는 이유는 참으로 다양하다. 동네 어귀에 모여 앉아 온갖 생활 정보와 비밀을 나눌 수도 있겠지만 가끔은 혼자서 조용히 앉아 책을 읽거나 사색할 수도 있다. 오늘날 이런 카페의 기능을 옛 시절에는 다방이 대신했을 것이다.

정호승 시인은 청춘시절 다방에서 종일 시를 썼던 날을 추억했다. 밥보다 꽃 한 송이가 귀한 시절이었다며, 유부국수 한 그릇과 커피 한 잔 가격이 같았지만 그는 배를 곯아도 다방에서 커피 한 잔을 시켜놓고 시를 썼다.

암울한 시대 예술인들의 해방구

한때 부산에도 예술인들이 모이는 다방이 번성했다. 1950년 발발한 한국전쟁 당시, 부산은 몰려든 피란민으로 포화상태가 되어 대혼란을 겪는다. 피란민 중에는 예술가들, 문인들도 있었다. 살던 동네를 떠나 낯선 곳으로 온 그들이 전쟁 전 향수를 찾아 모여든 곳이 바로 다방이다. '요새 어느 다방에 나가시오?' 라고 인사를 주고받을 만큼 많았다는 다방은 부산으로 피란 온 예술인들에게 활동 공간이자 교류의 장소가 되어주었다. 도심

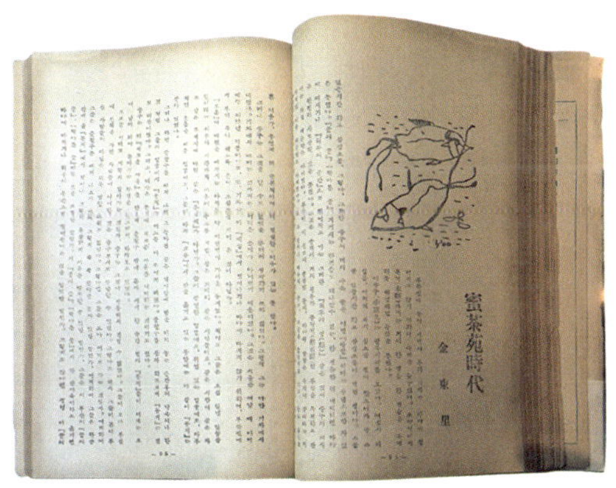
蜜茶苑時代

金東里

1955년 현대문학 4월호에 실린 김동리 소설 『밀다원 시대』
<밀다원> 다방의 모습과 한국전쟁 당시 피란 문인들의 이야기를 엿볼 수 있다.
동리 목월문학관 소장

지인 남포동과 광복동 일대에서 성행한 <밀다원>, <금강>, <춘추>, <르네상스> 등 다방들로 인해 부산은 '다방의 도시'로 불리기도 했다. 당시 문인들의 모습은 동시대를 배경으로 하는 김동리의 소설 『밀다원 시대』에 고스란히 담겨 있다.

소설 주인공 이중구는 내복과 세면도구가 든 가방 하나를 달랑 들고서 부산으로 피란 왔다. 가족이 뿔뿔이 흩어지고 혼자 부산에 온 그에게는 어느 곳도 아늑하지 않다. 어떻게 지낼지 모를 가족들을 떠올리면, 제발 걱정하지 말고 편히 지내라는 동료의 집도 가시방석일 뿐이다. 그런 이중구에게 자신과 비슷한 처지의 동료들이 모여 있는 곳, <밀다원> 다방은 그나마 숨을 쉴 수 있는 공간이었다.

중구는 정말 무슨 급한 용건이나 있는 것처럼 달음박질을 치다시피 전차 정류소로 향해 달려 나왔다. 무엇이 그렇게 급한 겐지 자기 자신도 알 수가 없었다. 덮어놓고 <밀다원>엘 가 보아야만 될 것 같았다. 조현식과 송 화백과 안정호와 허윤과 박운삼과 길 여사와 이런 사람들의 얼굴을 한시바삐 보아야 숨이 돌아갈 것 같았다. 정류소마다 전차가 정거를 하여, 사람을 내리우고 태우고 하느라고 꾸무럭거릴 때는 너무나 초조한 나머지 발을 구르고 싶었다. <밀다원>을 올라가는 층계 중간쯤에서, 닝닝거리는 꿀벌 떼의 소리를 들었을 때 중구는 요 며칠 전과 같은 가슴의 두근거림을 깨달았다. 왜 이렇게 급하며, 왜 이렇게 가슴까지 두근거리는지는 자기 자신도 통 알 수가 없었다.

- 김동리, 『밀다원 시대』 중

화가 이중섭도 이 시기 <밀다원> 다방을 찾았던 이들 중 한 사람이다. 전쟁에 떠밀려 가족을 이끌고 부산으로 내려왔던 이중섭은 범일동 판자촌에서 지내다가 아내와 아이들을 일본으로 보내었다. 그 후 종종 항구에서 날품팔이로 힘겨운 삶은 이어가던 그는 <밀다원> 한구석에 앉아 그림을 그렸다. 캔버스를 대신한 것은 미군 부대에서 주워온 담배 케이스의 은박지, 그렇게 그린 은지화에는 이중섭이 그토록 그리워하던 가족의 모습이 담겨 있었다.

이처럼 혼란스럽고 암담한 현실 속에서 다방은 그저 커피를 마시는 곳이 아니었다. 다방을 찾는 이유야 저마다 달랐겠

이중섭, 은지화 <가족>, 이중섭은 종종 <밀다원> 다방에 들러, 가족을 그리워하는 마음을 낡은 은박지에 그렸다.

지만, 예술인들에게 다방은 좋은 아지트가 되어주었다. 전쟁으로 고향과 가족을 잃은 사람들의 마지막 보루, 불안한 삶에도 작품 생활을 이어가던 문화 예술인들의 숨구멍 그 이상이었을 것이다.

한 건축학자는 툇마루와 사랑방이 사라졌기 때문에 우리나라에서 카페가 번성한다고 이야기했다. 말하자면 우리네 사랑방 문화를 이어받은 공간이 다방이고, 카페인 것이다. 어떤 이들에게는 사랑방으로, 또 어떤 이들에게는 독서와 사색을 즐기는 공간으로 '따로 또 같이'를 실현하며 우리 삶에 자연스럽게 녹아든 카페. 커피 향 진하게 채워진 동네 작은 카페에서 오늘도 이야기가 꽃을 피운다.

다방茶房

이용악

바다 없는 항해에 피곤한
무리들 모여드는
다방은 거리의 항구……

남달은 하소를 미연에 감출여는
여인의 웃음 끔쯕히 믿엄직하고
으스러히 잠든 등불은 미구의 세기를 설계하는 책사?

주머니를 턴 커피 한잔에
고달픈 사고를 지지하는
……나……너……
휴식에 주린 동지여
오라!!
유연히 조화된 분위기 속에서
기약 없는 여정을 잠깐 반성해 보작구나

1936년 1월 17일자 「조선중앙일보」에 실린 이용악의 시 <다방茶房>.
시간이 흘러 다방이 카페로 바뀌었지만, '거리의 항구', '아지트' 역할은 아직도 유효하다.

(위) 1951년 부산 광복로에 위치했던 <밀다원> 다방. 군용 지프 위 작게 다방 간판이 보인다.
(아래)1952년 부산 중구 동광동 <뷔엔나> 다방 앞 거리 모습, 부경근대사료연구소 제공

10화

영도 깡깡이마을
그리고 〈양다방〉

진 사장님이 쌍화차 한잔하면 기운이 날 거라고 하시더니, 진짜 그런 것 같아요. 감기 기운 때문에 피곤했는데 지금은 눈이 확 떠지는 게 신기하네요.

박 나는 배부르다. 견과류를 쌔리 넣었드만.

<양다방>

항구도시 부산의 원형을 간직한 깡깡이마을

6·25전쟁은 모든 것을 바꿔놓았다. 부산의 삶도 하루아침에 변했다. 영도다리는 잃어버린 가족을 찾는 사람들로 매일 북새통을 이루었고 그러다 보니 노상에 점집이 성행했다. 남포동, 광복동 등 도심지에는 다방이 하나둘 생겨나 문인, 예술인들의 아지트 역할을 했다.

다방의 인기는 70~80년대까지 이어졌는데, 그 다방 가운데 한 곳이 영도 깡깡이마을에 남아있다. 1966년 개업한 후 40여 년간 큰 변화 없이 옛날 모습 그대로를 유지하고 있는 <양다방>이다. 최근에는 드라마와 예능 촬영장소로 이용되며 유명해지기 시작했다.

깡깡이예술마을, 부산광역시, 부산관광공사, 2020

마을에서는 종일 '깡깡깡' 하고
망치 소리가 울렸다.
배 표면의 녹이나 따개비 같은 조개껍데기를
망치로 두드려 벗겨내는 소리다.

<양다방>이 자리한 깡깡이예술마을은 자갈치시장 건너편, 영도대교·남항대교와 맞닿은 곳에 자리 잡은 버선 형상의 마을이다. 오랫동안 수리조선소 역할을 해온 깡깡이마을에는 현재 물양장 두 곳과 수리조선소 십여 곳이 남아있고, 200여 개에 달하는 공업사와 선박 부품업체가 마을 공간의 대부분을 차지한다. 여전히 선박들이 활발히 출입하는 이곳은 부산 조선산업의 발전사를 고스란히 볼 수 있는, 항구도시 부산의 원형을 간직한 곳이다.

깡깡이마을의 수리조선업은 역사가 깊다. 19세기 후반 우리나라 최초로 발동기를 장착한 동력선을 만든 '다나카 조선소'가 있었고, 70~80년대에 원양어업이 활발해지자 수리조선업이 주요 일거리가 되었다. 마을에서는 종일 '깡깡깡' 하고 망치 소리가 울렸다. 배 표면의 녹이나 따개비 같은 조개껍데기를 망치로 두드려 벗겨내는 소리다. 그래서 깡깡이마을이라 부르게 되었다. 이 일을 맡은 것은 주로 여자들이었다. 일명 '깡깡이 아지매'. 이들은 자갈치 아지매, 재첩국 아지매와 함께 부산의 3대 아지매로 불린다. 억척같은 삶을 살아온 누군가의 엄마이자 아내인 부산 아지매들이다.

진하고 달짝지근한 계란 동동 쌍화차

<양다방>을 찾아오는 손님은 세월이 지나며 다양해졌다. 깡깡이마을의 뱃사람과 조선소 일꾼들이 여전히 이곳을 드나들고, 최근에는 SNS 등을 통해 정보가 빠른 젊은 사람들이 옛 다방과 쌍화차를 경험하기 위해 많이 찾아온다. 한눈에 보아도 수십 년이 훌쩍 넘은 건물, 알록달록하여 예쁜 촌스러움이 묻어나는 입구, 옛 감성 그대로 간직한 테이블 등 요즘 유행한다는 '레트로 감성'의 결정판이랄까.

우리가 이곳을 찾았을 땐 마침 주인 아주머니가 배달 준비를 하고 있었다. 진 작가와 내가 들어서자 배달 준비를 멈추

고 주문을 받았다. 차를 내어주고 배달을 가겠다는 아주머니에게 우리는 <양다방>의 시그니처라는 '계란 동동' 쌍화차를 주문했다. 진한 맛이 일품이라는 이곳 쌍화차 리뷰를 진작에 읽고 온 터였다. 직접 받고 본 쌍화차는 한눈에도 진하고 묵직했다. 그런데 그걸 본 진 작가가 엉뚱한 소릴 했다.

"쌍화차는 커피가 아니었네요."

쌍화차를 커피로 알았다고? 생각지도 못한 말이었다. 옛날 다방에는 노른자를 띄운 모닝커피라는 메뉴가 있었다는 것이 조사를 해온 진 작가의 항변이다. 사진으로만 본 쌍화차가 상상 속 모닝 커피와 비슷했던 것이다. 커피에 계란 노른자를 띄운다니, 많이 이상하지 않나. 아니, 그러고 보면 한약 같은 쌍화차에 날계란을 동동 띄워 나오는 것도 어찌 보면 참 특이하다. 쌍화차는 다양한 한약재와 견과류가 듬뿍 들어간 고칼로리 음료다. 생각해 보니 매우 창의적인 메뉴가 아니었나 싶다.

그사이 사장님은 서둘러 배달할 커피를 싸서 나섰다. 비도 오는데 굳이 배달을 시킨다며 잠시만 가게를 보고 있으란다. 분명 불평을 하시는데 표정에서는 짜증보다는 즐거움이 비쳤다. 쌍화차를 시키는 VIP가 방문을 해서인지, 배달 커피 매상도 나름 좋으셨던 건지 알 수 없지만 나서는 발걸음이 꽤 경쾌했다.

〈양다방〉, 깡깡이마을의 어제와 오늘을 잇다

배달 다녀온 아주머니는 이야기보따리를 풀기 시작했다. 다방 곳곳을 채운 오래된 물건에 대한 사연과 최근 촬영하고 간 드라마 이야기. 한참 신나서 이야기하는 아주머니에게 진 작가가 물었다.

"저기 안쪽에 병풍은 왜 세워놓으셨어요? 인테리어예요?"

"손님들 프라이버시가 있다 아이가. 사람들이 노닥거리니까 가려줬지. 옛날에 다방 그대로 보여 줄라고 병풍도 그대로 놔뒀고."

영화 <너는 내 운명> 중 다방 장면

<양다방>은 마치 작은 생활사 박물관 같다.

70~80년대 다방은 '레지'라 불리던 다방 아가씨들이 종업원으로 일했다. 아마도 선원들이 레지들과 편히 노닥거리라고 병풍으로 가려줬다는 이야기인 듯했다. 아주머니가 좀 더 노골적으로 설명하기 시작해서 얼른 다른 이야기로 돌렸다.

"여기 오는 손님은 전부 배 타는 사람들 아이가. 선장들은 뭍에 들어오면 맨날 배 탈 사람 찾고 그란다. 원양어선은 한 번 나가면 2년 넘게 있다가 오니까 배가 들어오면 쉬는 사람도 생겨서 새로 배 탈 사람 구하고 그라더라. 그래서 사람을 소개해주는 사람들도 있었는데, 한 명 연결해주면 30만 원씩도 받고 그랬다. 근데 나는 다방에 온 사람들 공짜로 소개해주고 그랬거든. 소개비 한푼도 안 받았지. 그러니까 선장들은 얼마나 <양다방>이 좋았겠노. 대신 커피값을 내 마음대로 받았지. 호호~ 그래도 소개해 줬다고 한마디 안 하고 무조건 계산해 주더라. 어떤 사람은 외국에서 사온 선물도 주고 그랬다. 맞다, 참. 한 20년 전에 내가 소개해주고 배 탔던 아저씨가 지

금 70이 넘었는데 아직도 배를 타고 있다 아이가. 그 양반이 지금도 종종 다방에 오고 그란다."

쌍화차에 곁들인 아주머니의 옛날이야기가, 깡깡이마을 사람들의 삶이 그만큼 진하고 묵직하다. 영도판 '노인과 바다'가 따로 없다. 청새치와의 싸움으로 녹초가 된 노인 산티아고는 깡깡이마을의 70대 노선원. <양다방>은 카페 <라테라자>다. 깡깡이 노선원을 만난다면 쌍화차를 한 잔 대접하고 싶다. 그럼 난 소년 마놀린이 되는 건가! 70대 노선원에게도 청새치와의 사투 같은 파란만장한 인생 이야기가 있겠지.

영도 깡깡이마을에는 거친 바다를 일터 삼은 뱃사람, 배를 수리하는 깡깡이 아지매 등 다양한 사람들이 일상을 살아가고 있다. 그리고 그곳에는 여전히, 달콤하고 진한 계란 동동 쌍화차 한 잔으로 일상의 고단함을 녹여주는 동네 사랑방 <양다방>이 있다.

〈양다방〉에서 쌍화차 한 잔
80년대 다방으로 타임슬립

커피의 섬이 되고 있다는 영도에 취재하러 간 날, 세 번째로 들른 곳이 <양다방>이었다. 이미 처음 들렀던 카페에서 커피를 마셨고, 두 번째 카페에서는 검은깨 라떼를 먹어 배까지 채운 상태였다. 퇴근 시간이 가까웠고 비도 조금씩 내리기 시작했으니 그저 집에 가서 한숨 자고 싶다는 생각이 들었다.

그러나 박 이사는 영도에 가볼 곳이 많다며 의기충천했고, 게다가 <양다방>은 내가 제안한 곳이었다. 어느 책자에 계란 노른자가 동동 떠 있는 커피가 소개된 것을 보고 '여길 꼭 가야 한다'고 강력하게 추천했던 터였다.

영도 바다를 뒤로한 채 골목을 꺾어 드니 셔터 내린 공장들 사이에서 한눈에 봐도 오래도록 그 자리를 지켜온 듯한 <양다방>이 보였다. 조화 장미가 풍성하게 장식된 입구, 길게 늘어뜨린 발을 제치고 안으로 들어서자 마치 시간을 거슬러온 듯 80년대 드라마 속 다방이 펼쳐졌다. 니은 자 모양의 소파와 손때가 고스란히 남은 나무 테이블, 자개로 장식한 옷장과 못난이 인형들….

칡즙, 생강차, 유자차, 쌍화차, 마즙 등 메뉴가 커다랗게 적힌 '카운타' 앞에서 우리는 무얼 마셔야 할지 잠시 고민했다. 옛날 다방의 인기 메뉴였다는 모닝커피 맛이 궁금해서 <양다방>에 왔건만, 모닝커피는 메뉴에 없었다.

이곳의 인기 메뉴 쌍화차를 먹어보라는 사장님은 '그걸 먹으면 으슬으슬하던 감기 기운이 싹 낫는다'며 엊그제 손님이 많아 몸살을 앓을 뻔했는데 쌍화차를 먹으니 거뜬하다고 추천했다. 동동 띄운 계란과 함께 먹으면 배도 든든하다니, 더 고민할 것도 없이 쌍화차를 먹기로 했다.

40년 건너온 추억들과 쌍화차

핑크 매니큐어를 바른 손으로 휘리릭 만들어 내어 준 쌍화차는 내가 마셔보려 했던 바로 그 모닝커피였다. 설마 계란을 띄운 모닝커피를 '쌍화차'라 부르는 건가 생각했다가, 그간 사진으로만 봐온 쌍화차와 언젠가 기사에서 읽은 옛 다방의 인기메뉴 모닝커피를 혼동해왔다는 것을 깨달았다.

모닝커피와 쌍화차는 모두 다방의 메뉴다. 산업화시대 바쁜 직장인들이 출근 전 혹은 출근 직후 다방에 주문하여 마시는 것이 모닝커피였는데, 단골을 유치하기 위해 너도나도 커피에 계란 노른자를 띄워주는 서비스가 시작되었다. 어느 다방에서는 삶은 계란이나 계란 프라이를 제공하기도 했다. 이에 비해 쌍화차는 어르신들이 다방에서 즐긴 고급 음료로, 몸에 좋은 쌍화탕에 견과류와 계란 노른자를 더해 마시기도 했다.

커피나 쌍화차에 왜 계란 노른자를 넣게 되었을까. 그 시작은 알 수 없지만 베트남에 노른자를 거품 내어 만든 계란커피가 있고, 북유럽이나 오스트리아에서도 커피에 계란 노른자를 더해 마신다고 하는 것을 보면 계란과 커피의 궁합은 세계적으로 인정받고 있는 것 같다.

손님과 대화를 나누며 쌍화차를 끓이는 <양다방> 사장님

쌍화차 맛은 한 번 먹으면 절대 잊을 수 없을 만큼 강렬했다. 비린 맛이 나지는 않을까, 빨리 터져버려 음료를 탁하게 만들지나 않을까 우려했던 노른자는 겉이 살짝 익어 터지지 않았고, 쌍화차를 다 마실 때까지 잘 떠 있었다. 아쉽지 않을 만큼 들어 있는 고소한 땅콩은 달달한 쌍화차 맛과 잘 어울렸다. 사장님 말처럼 정말 한 잔 마시고 나자 든든하기도 하고, 살짝 피곤해 감기던 눈이 번쩍 뜨였다.

오래된 물건을 잘 보관해온 사장님의 정성으로 박물관 같은 다방 구석구석을 돌아본 투어는 <양다방>의 또다른 재미였다. 참치배 선장이 준 별자리를 짚는 망원경, 단골손님이 선물했다는 담배 피우는 호랑이 그림과 가게를 인수할 때 얻은 자수가 새겨진 병풍까지…. 각각의 물건들에는 그에 얽힌 추억들이 저마다 가득했다.

40년간 한자리를 지켜온 <양다방>에는 얼마나 많은 사람이 거쳐 갔을까. 다방으로 몰려들던 선원들은 다 어디로 갔을까. 다방 문화가 번창했던 한 시대가 지나가자 다방은 카페로 변신했고, 사람들은 계란이 동동 뜬 모닝커피와 쌍화차 대신 아메리카노와 카페라떼를 마신다.

양
횡단보도
양다방
COFFEE SHOP
T.416-1117
COFFEE SHOP
ADT
통크게
맛있는...
아메리카노
₩1,000
ADT

영도 깡깡이마을에서 40년간 자리를 지킨 <양다방>.
계란 노른자가 동동 떠있는 쌍화차 한 잔 마시면
그 달달함과 고소함에 하루의 피로가 확 가신다.

11화

전포카페거리, 부산광역시, 2018

우리 동네
카페 이야기

온천장의 <모모스커피>는 네 평이 안 되는 식당창고에서 시작했어요. 부산 사람들이 사랑해줘서 이렇게 성장할 수 있었고, 그 덕분에 오늘의 <모모스>가 있는 거죠. 이제는 커피 한잔에 가치를 더하는 노력을 하고 있어요. 그중에 하나가 '부산하다 프로젝트'인데, 부산다움을 담은 블렌드 커피와 부산을 오랫동안 그려온 김종식 화백의 그림을 콜라보하여 커피 도시 부산을 알리고 있어요.

<모모스커피> 전주연 대표 인터뷰 중에서

아기자기한 카페 골목으로 변신한 미포철길 골목

동래 온천장에 위치한 <모모스커피>

카페가 들어선 골목길 풍경

비 오는 날 해운대에는 비릿한 바다 냄새가 풍긴다. 평소에 바다는 존재감이 없지만 이렇게 유독 강렬한 향기를 풍길 때 바닷가 근처에 살고 있다는 것을 자각하게 된다. 그 비릿한 냄새에 한층 더 우중충하던 어느 날 퇴근길, 새로 생긴 동네 카페에 들렀다. 평범한 주택을 개조하여 만든 동네의 첫 번째 카페였다.

그즈음 옛 해운대 기차역 뒷골목에는 하루가 다르게 아기자기한 카페가 생겨났는데, 낡은 주택이 상상도 못 할 만큼 새로운 모습으로 바뀌기도 했다. 곧 '해리단길'이라 이름이 붙은

오래된 광안종합시장 골목에 카페와 빵집이 들어서며 새 바람이 불고 있다.

동네의 변화에 기뻐하는 사람도 있었지만 그렇지 못한 사람도 있었다. 몇 년 전만 해도 낡고 불편해 누가 들어와 살겠나 싶었던 주택을 가진 사람들이 너도나도 전세금을 올리자, 그 비용을 감당하지 못 하는 세입자들은 그곳을 떠날 수밖에 없었던 것이다.

젠트리피케이션은 기존 주민과 상인들, 이제 막 창업한 젊은 카페 사장까지도 난감하게 만들었다. 작은 구멍가게가 스테이크 하우스로 바뀌고, 파리 날리던 통닭집이 브런치 카페로 바뀔 때 우리 가족은 그 동네를 떠나왔다.

새로 이사 온 광안동은 오래전 시장이 있었지만, 이제 상권이 거의 죽어버린 조용한 동네다. 녹슨 간판이 달린 시장 건물 옥상에는 길고양이들이 뛰어다니고, 야식 배달을 하는 오토바이만 어둠에 쌓인 점포들 사이를 부지런히 오갔다. 그런데 최근, 이 동네에도 상상력이 뛰어난 젊은 상인들이 나타났다. 낡은 시장 분위기를 자신만의 감성으로 꾸민 <타타에스프레소바>와 유기농 빵집 <럭키베이커리>의 등장. 이들을 시작으로 문 닫았던 점포들이 꽃집, 술집, 옷집, 심지어 샐러드 가게, 와인 가게로 변모했다. 그러자 조용했던 골목길에 주말은 물론 평일에까지 사람들이 찾아오면서 거리도 한층 밝아졌다.

커피 향 따라 복작복작

부산에는 이렇게 다시 태어난 곳이 몇 군데 있다. 공구상과 전파상이 몰려 있던 서면 뒤쪽 골목은 사람들의 발길이 거의 끊겼었는데, 요즘은 전포동 카페 거리로 새롭게 인기를 끌고 있다. 방울공장을 카페로 리모델링한 <신기산업>은 영도의 오랜 공장들을 카페로 변화시키는 시작점이 되었다. 영도의 조선소 공업단지에는 폐창고의 널찍한 공간을 활용한 복합문화공간 <무명일기>가 있으며, 비어있던 제강공장을 개조한 수영의 <F1963>에는 유명 카페가 입점하기도 했다. 지난해에는 영도 봉래동에 물류 창고를 개조한 <모모스 로스터리&커피바>가 들어왔다. 어둡고 사람이 다니지 않던 항구의 거리가 카페 불빛으로 환해졌다.

상권이 죽고 사람들이 떠나간 골목에 젊은 사람들이 새롭게 찾아와 둥지를 틀면서 다시 상권이 살아나고 있다. 금이 간 틈으로 한 포기 풀이 솟아나는 오래된 건물들. 관광객이 몰려와 끊임없이 카메라 셔터를 눌러대는 모습이 낯설기도 하지만 사람들이 북적대기 시작하며 새로운 에너지를 불어 넣고 있다. 커피에서 비롯된 열정이 잠든 동네를 깨우고, 골목을 환하게 밝히는 풍경이다.

지역상권 보호와 발전을 위해 국가와 지역주민이 함께 힘을 모아야 한다는 목소리가 여기저기서 들려오는 걸 보니 다시 한 번 꿈꿔봐도 좋을 것 같다. 사람들의 발길이 이어져 상권이 살아나기를. 사는 사람도, 일하는 사람도, 이곳에 놀러오는 사람도 즐거운 동네가 되기를.

상권이 죽고 사람들이 떠나간 골목에 젊은 사람들이
새롭게 찾아와 둥지를 틀면서 다시 상권이 살아나고 있다.

전포동 <베르크로스터스>

12화

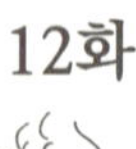

오늘의 카페

박 여기 사장님이 디자인하시는 분이라 감각이 있으시네. 저기 지붕 봐봐.

진 지붕이 왜요?

박 지붕에 창을 만들어 놨잖아. 저기로 들어오는 빛의 방향이 해가 넘어가면서 시시각각 변하거든. 사진도 이쁘게 잘 나와요.

진 아, 지금요, 지금! 빛 딱 들어오고 좋네요. 사진 한 장 찍어주세요.

<무명일기>

카페에서…
좋아하는 커피를 마신다.
호기심을 자극하는 메뉴를 주문한다.
우연히 옆 테이블의 대화를 듣는다.
책을 읽는다.
생각에 빠진다.
가끔 독수리의 저공비행을 본다.
고양이와 노는 아이를 본다.

커피는…
향긋하다.
얼죽아(얼어 죽어도 아이스)란다.
아메리카노다.
카페인이 필요할 때.
쓰다. 달다. 과일향, 산미가 좋다.
우유를 넣으면 라떼.

카페 고르는 기준

나는 카페를 좋아한다. 커피는 물론이고 공간 자체를 좋아한다.

친구들과 간다면 인스타 감성의 이쁜 인테리어로 꾸민, 포토존이 있는 카페가 좋다. 친구들의 취향은 저마다 달라서 메뉴 또한 입맛에 따라 다양해야 한다. 커피가 아닌 음료는 기본, 맛있는 빵과 케이크 등이 있으면 더 좋다. 단둘이 아니라면 원탁 테이블이 좋다. 수다 떠는 데 최적의 형태다. 독립된 룸이 있는 곳도 좋다. 우리만의 아지트 같은 느낌이 물씬한. 카페 주인장에게는 미안하지만 손님이 없으면 더 좋고.

가족들과 가는 카페도 이런 곳이 좋다. 모처럼의 외출이라면 바닷가나 숲속의 규모가 큰 카페. 창이 크고 경치도 좋아

야 한다. 야외에서 아이들과 놀아주기에도 좋고 주변의 소소한 놀잇거리를 찾을 수 있는 곳이면 좋겠다. 가까운 곳에 명소나 맛집이 있고, 주차가 편하며 입구가 넓어 거동이 불편한 사람도 드나들기 쉬워야 한다. 이쁜 잔도 좋지만 안전한 잔과 접시를 사용할 수 있는 게 좋다.

비즈니스 미팅 장소로 카페를 간다면? 우선 음악이 잔잔해야 한다. 화려하기보다는 센스 있는 인테리어가 좋다. 원산

HAGABEAN
ROASTING
FACTORY

나는 카페를 좋아한다.
커피는 물론이고 공간 자체를 좋아한다.
오전에 충분히 햇빛을 머금으며
에너지를 축적한 카페는
오후부터 밀려드는 손님들을
생동감 있게 맞이한다.

지가 표시된 원두를 고를 수 있는 것도 좋겠다. 업무적으로 만난 사람들과 커피에 대한 짧은 사담을 나누며 분위기를 편하게 만드는 것이다. 창가 자리가 좋지만 과하게 큰 창은 오히려 불편할 수 있다. 노트북, 서류 등 업무에 필요한 물건들과 커피가 함께 놓일 수 있으니 사각 테이블에 여유로운 크기면 좋겠다.

혼자 가는 경우라면 선택 기준이 늘어난다. 먼저, 옆 테이블과 서로 방해되지 않을 만큼 떨어져 있어야 한다. 테이블이 낮으면 안 된다. 책이나 노트북을 꺼내두고 책상처럼 사용할 수 있어야 하기 때문이다. 커피 맛은 기본, 커피잔도 중요하다. 일회용 컵보다 도자기잔이면 좋다. 가끔 멍하니 창밖을 볼 수 있어야 한다. 서쪽으로 난 창은 안 된다. 일몰은 책을 읽는데 방해가 된다. 노트북으로 뭔가를 할 수도 없다. 와이파이와 전기를 쓸 수 있는 콘센트는 필수다. 왜 이렇게 까다롭냐고? 난 나만의 시간을 가질 공간이 필요할 때 카페를 찾기 때문이다.

단골 카페

생각해보니 카페를 고르는 기준이 특별하지 않으면서도 은근히 까다롭다. 지금의 단골 카페는 사실 내 기준에는 맞는 구석이 없는 곳이었다. 우선 규모가 굉장히 크다. 그래서 혼자

가기보다는 '놀러' 가는 장소로 좋았다. 다만 다양한 테이블이 있어 내가 원하는 혼자만의 자리를 고를 수 있다. 마침 창가는 동향이라 좋다. 오전에 충분히 햇빛을 머금으며 에너지를 축적한 카페는 오후부터 밀려드는 손님들을 생동감 있게 맞이한다. 자주 가다 보니 익숙해졌다. 그리고 지금은 책을 읽을 때나 글을 쓸 때나 혼자 있고 싶을 때 가게 된다. 역시 제일 좋은 카페는 익숙한 곳인가 보다.

내가 사는 기장에도 크고 작은 카페가 계속해서 생기고 있다. 가족이나 가까운 사람들과 새로운 카페를 찾아다니는 것도 재미다. 카페를 가는 이유는 참 다양하다. 그래서 오늘의 카페는 어디냐고? 일광으로 가든지 연화리로 가든지. 운전하다가 마음 내키는 곳으로 가련다.

목동 칼디와 춤추는 염소 이야기

커피의 기원에 대한 소설적 상상

등장인물과 도움말

▸ **칼디** 아비시니아의 목동으로 커피를 처음 발견했다는 구전설화 속 인물이다.
▸ **바리스타** 커피음료를 처음 만든 사람으로 표현했다.
▸ **수도사** 특정종교를 표현한 것은 아니다. 6세기경 아프리카와 지역에는 토속신앙, 유대교, 이슬람교, 기독교 등 다양한 종교가 있었다.
▸ **오로모** 소 치는 목동. 에티오피아에는 실제로 오로모족이라는 종족이 있다.

이 이야기는 장소와 시대가 조금씩 상이한 수많은 형태의 '목동 칼디' 구전설화가 있다는 것에 착안하여 만든 픽션이다. 커피의 기원을 이야기할 때 주로 언급되는 이 구전설화에 역사적인 근거를 더했다.

이야기의 배경은 6세기경 에티오피아 아비시니아(지금의 카파 지역)다. 커피가 처음 음용된 시기에 대한 여러 주장이 있는데 그 중 5~6세기경이라는 주장을 선택했다. 그 시기 에티오피아와 예멘 간에는 세계사적인 사건(전쟁)이 있었고 그 결과 에티오피아가 예멘 일부 지역을 72년간 통치했다. 이 통치기간에 아덴만을 건너 양국의 문화가 활발히 오가며 커피가 전해졌을 것으로 추측된다.

칼디의 믿음

옛날 옛날 먼 옛날에, 에티오피아 남서부 아비시니아(Abyssinia, 지금의 카파 지역)에 칼디라는 목동 소년이 살고 있었다. 칼디는 에티오피아의 갈라족(미지의 사람들이라는 뜻) 출신으로 영특하고 성실했다. 그는 누구보다 염소에 대해 잘 알아 마을 최고의 목동이 되었다. 염소는 대대로 마을의 귀한 재산이라 아무에게나 염소 치는 일을 맡기지 않는다. 칼디는 목동으로서 자부심이 있었다. 마을 사람들도 칼디를 신뢰했다.

"칼디에게 염소를 맡겨두니 든든하네. 그는 최고의 목동이야."

칼디는 성실할 뿐만 아니라 탐구하고 공부하는 것을 좋아했다. 염소가 좋아하는 식물은 무엇인지, 어떤 독초가 있는지, 염소가 아픈지, 근처에 야생동물은 없는지, 해가 뜨고 지는 시간과 온갖 동식물에 대해서도 늘 관심을 가졌다. 무엇보다 신을 섬겼다. 세상의 모든 만물은 탐구할수록 신의 작품이 아닐 수 없었기 때문이다. 그래서 늘 주어지는 모든 것은 신의 축복이라 여기며 감사함으로 기도했다.

칼디의 이러한 믿음은 대대로 내려오는 옛 선조의 영향이기도 했다. 갈라족의 조상은 고대 스바 왕국(기원전 10세기경 실존했던 고대 왕국)에 살았다. 스바의 여왕은 머나먼 지중해 근처에 하나님의 지혜를 가진 왕이 있다는 소문을 듣고 직접 먼 길을 여행하였다. 그 왕은 바로 이스라엘의 왕 솔로몬이다.

여왕이 예루살렘에 입성하고 보니 세련된 도시와 문화를 가진 번영을 누리는 나라였다. 솔로몬은 수많은 나라의 왕들과 민족들을 맞으며 지혜를 이야기하고 있었다. 솔로몬을 만난 스바 여왕은 마음에 두었던 모든 질문을 쏟아냈다. 솔로몬은 주저함이 없었다. 그의 놀라운 지혜는 하나님을 증거하기에 충분했다. 여왕이 솔로몬의 지혜에 감탄을 금치 못하며 '소

고대 스바 왕국에 대한 기록은 구약성경, 코란, 에티오피아의 역사 문헌에서 찾아볼 수 있다.

문이 진실하다'라며 내뱉은 한마디는 성경의 역사서에 기록되기까지 하였다. 이렇게 여왕은 솔로몬이 섬기는 신이 진정한 신이라는 믿음을 가지게 되었고 성경의 가르침을 받아 스바로 돌아왔던 것이다.

칼디가 사는 곳 가까이에 작은 수도원이 있었다. 칼디는 수도사와 이야기하는 것을 좋아했다. 하지만 수도사의 이야기대부분은 이해하기 어려워 뜬구름과 같았다. 다만 신이 세상 만물을 창조한 조물주라는 것은 이해할 수 있었다. 칼디는 만물에 대한 관찰과 사색을 통해 이 모든 것은 신의 작품이라 여겼다. 하루는 염소들이 나무를 타고 올라가 잎을 뜯는 모습을 보며 생각했다.

'염소는 손도 없이 어떻게 저렇게 나무를 잘 탈까? 분명 조물주가 염소를 만들 때 나무를 타는 능력을 주신 게 틀림없어. 만약에 염소가 나무타기를 배운 거라면 들개도 나무 타는 법을 배울 수 있어야해. 하지만 들개는 평생 나무를 올려다보기만 하지.'

에티오피아 지역의 염소들은 뛰어난 균형감각으로 높은 나무를 타고 올라가 열매와 나뭇잎을 따 먹는다.

염소와 함께 춤을…

하루는 유난히 염소들이 들떠 있고 힘이 넘쳐 보였다. 폴짝폴짝 뛰어오르기도 하고 서로 들이받으며 싸우기도 한다. 해질녘이 되어 칼디는 염소들을 몰고 마을로 향했다. 가장 늙고 약한 숫염소도 오늘 따라 힘이 넘쳐 보이는가 싶더니 아예 젊은 대장 숫염소를 밀어내기까지 한다. 마을로 돌아와서도 염소들은 흥분을 가라앉히지 못하고 빙글빙글 춤을 추는 것 같은 행동을 하는 게 아닌가. 마치 염소들이 댄스파티를 벌인 것 같았다. 칼디는 그 모습이 의아한 동시에 우스웠다.

"크크크, 아이고 배야. 크크."

춤추는 염소들을 구경하다 보니 칼디도 흥이 나 염소들과 어울려 같이 춤을 추었다. 염소의 댄스파티는 밤늦도록 계속되었고, 염소보다 더 신나게 춤을 추던 칼디는 이내 피곤에 못 이겨 잠이 들었다. 염소들은 밤이 늦도록 춤을 추며 놀았다.

다음날 아침. 칼디는 어젯밤 일을 떠올렸다. 분명 꿈이 아니었다. 염소들과 함께 춤을 추던 제 모습에 혼자 실성한 듯 한바탕 웃었다. 이내 정신을 차리고 혹여나 염소들에게 이상한 점이 없는지 세심히 살폈지만 문제는 없었다.

그날 이후 염소들의 춤은 매일 저녁 계속되었다. 칼디는 염소들을 관찰하기 시작했다. 드디어 특이한 점을 발견했다. 최근에 염소를 먹이기 위해 자주 갔던 만키라(카파 지역의 전설에 의하면 커피는 만키라 숲에서 시작되었다고 한다)숲은 체리처럼 붉은 열매를 맺는 나무의 군락지가 있다. 염소들이 어른 세 명의 키를 합친 것보다 높은 그 나무를 타고 올라가 붉은 체리 열매를 따 먹은 것이다. 이 열매를 먹은 염소들은 움직임이 활발해지고 밤늦도록 힘이 넘쳐 춤을 추는 듯 한 행동을 한 것이다. 참으로 희한했다. 붉은 열매 나무는 '분나(bunna, 커피의 에티오피아식 표현)'라는 나무인데 독이 없어 염소가 먹도록 내버려두었던 것이다. 칼디는 분나 열매를 따서 집으로 가져왔다.

바리스타의 레시피

칼디는 분나를 먹기 쉽도록 요리해보기로 했다. 요리는 어머니에게 부탁했다. 어머니의 이름은 바리스타. 마을에서는 요리를 잘하기로 꽤 유명했다. 바리스타의 레시피가 완성되었다. 우선 분나를 씻어 철제 가마솥에 기름을 둘러 볶은 다음 진한 갈색으로 변한 볶은 분나를 뭉쳐서 공처럼 만들었다. 먹기도 좋고 목동이 휴대하기도 간편한 '분나 주먹밥'이었다. 볶은 분나를 물과 함께 끓여 까만 음료도 만들었다.

분나 주먹밥은 칼디의 마음에 쏙 들어 염소를 치러 나갈 때 꼭 챙겼다. 효능은 확실했다. 염소들처럼 칼디를 춤추게 하지는 않았지만 허기와 피로가 사라지고 온몸에 활력이 솟구쳤다. 정신이 맑아지고 집중력이 높아져 염소를 칠 때 도움이 되었다. 마을 사람들은 바리스타에게 분나 레시피를 배워 가기 시작했다.

에티오피아의 전통적인 방식으로 커피를 볶는 여인

커피로 만든 에티오피아의 빵

수도사의 고민

한편 수도사에게는 말 못 할 고민이 있었다. 밤새 철야기도를 하는 날이면 졸음을 이기지 못했던 것이다. 명색이 수도사로서 여간 고민이 아닐 수 없었다. 칼디가 분나 주먹밥을 하나 내밀었다. 늦은 밤에 먹으면 잠을 못 잘 수도 있으니 가장 중요한 일을 할 때 먹는 것이 좋다는 말을 해주었다. 뭔가 묘하게 장난기가 섞인 표정이다. 수도사는 '칼디 이 녀석이 처음 보는 음식을 내놓더니 무슨 헛소리로 나를 놀리나.' 생각했다. 하지만 졸음을 쫓을 수 있다는 말에는 호기심이 생겼다. 그날 밤 분나 주먹밥을 먹고 철야기도한 수도사는 깜짝 놀랐다. 철야기도를 하며 가뿐하게 졸음을 이겨냈던 것이다. 그는 곧장 칼디를 찾아갔다.

"아니 수도사님, 어쩐 일이세요? 어제 뵈었잖아요."

"네 녀석이 분나 주먹밥을 딱 하나만 주지 않았느냐. 어젯밤 그것을 먹고 기도를 하는데 같은 기도를 밤새 반복해도 정신은 더 맑아지더구나. 덕분에 철야기도를 잘 마쳐서 기분이 매우 좋다. 그 신기한 분나를 좀 더 얻어갈까 싶어 이렇게 서둘러 왔단다."

칼디는 수도사에게 줄 분나 주먹밥과 분나 열매를 한 보따리 쌌다. 바리스타는 기꺼이 분나 주먹밥 레시피를 알려주었다. 수도원으로 돌아온 수도사는 열매를 조리 없이 맛보았다. 먹기가 썩 좋은 편이 아니었다. 입에서 뱉어내 무심히 아궁이에 던졌다. 그런데 불에 던져진 분나가 따닥거리는 소리를 내며 작은 불꽃과 함께 환상적인 향기를 내는 것이 아닌가! 마치 천국의 향기 같았다. 불에 익은 열매 씨를 건져내 바리스타의 레시피를 응용하여 차를 끓였다.

그날 이후 수도사는 손님이 오면 까만 분나 음료를 접대했다. 물론 칼디가 오면 가장 질 좋은 분나로 음료를 끓여 내었다. 수도사는 이 어린 손님이 누구보다 반갑다. 둘은 분나로 만든 주먹밥과 까만 음료로 더욱 가까워졌다.

갑자기 수도사가 박장대소를 했다. 체면을 지키려 억지로 웃음을 참아보기도 했지만 꺽꺽 숨이 넘어가 실신할 지경이다. 칼디가 수도사 앞에서 해괴한 춤을 추었던 것이다. 늙은 숫염소 댄스라나 뭐라나! 그것도 춤의 포인트와 디테일을 설명하고 염소울음까지 흉내 내면서 말이다. 수도사의 꺽꺽 넘어가는 웃음소리와 벌겋게 달아오른 얼굴에 춤을 추던 칼디도 웃음이 터져버렸다. 어린 소년과 중년의 수도사, 얼핏 어울리지 않아 보이는 이들은 이미 가장 좋은 친구사이였다.

전사 오로모

몇 해가 지나 칼디는 어엿한 청년이 되었다. 그리고 평화롭던 에티오피아에 심상치 않은 전운이 감돌았다. 당시 예멘 남서부 고산지대에는 두누와스왕이 통치하는 힘야르라는 부족이 있었다. 두누와스왕은 고대 스바 왕국의 정통 후예라 자처한다. 스바 왕국은 엄청난 번영을 누렸던 고대 왕국으로 지금의 에티오피아와 예멘, 남수단과 케냐 소말리아 일부를 아우르던 왕국이었다.

한편, 예멘 북부는 기독교인이 날로 늘어나고 있었다. 위기감을 느낀 두누와스왕이 그들에게 스바의 정통을 지키겠다는 명분을 내세워 유대교로 개종할 것을 강요했다. 말을 듣지 않는 기독교인은 가차 없이 불에 태워 죽인 것이다.

에티오피아의 나자시(Najashi) 황제는 기독교를 받아들인 인물이다. 나자시 황제는 기독교의 수호자라고 불리는 로마황제 유스티누스(Justinus 1세, 콘스탄티누스)에게 선박을 지원받아 두누와스왕과의 전쟁을 준비한다. 드디어 525년 어느 날, 에티오피아 7만 병력은 예멘으로 진격하기 위해 아덴만을 건너게 된다.*

어느 날 오로모가 칼디를 찾아왔다. 오로모는 소를 키우는 매우 건장한 청년으로 칼디와 같은 아비시니아 지역에 살고 있지만 그의 어머니는 예멘 남부 출신이다.

"칼디라는 목동이 여기 살고 있는지요?"
"제가 칼디입니다. 저를 왜 찾으시나요?"

---

* 지금부터 약 2000년 전. 칼디가 태어나기 약 500년 전의 일이다. 하나님의 아들 예수가 이스라엘 땅에 태어났다. 예수는 구약의 율법을 거울삼고 '서로 사랑하라'는 새 언약을 선포하였다. 예수의 공생애가 기록된 신약성경이 완성된다. 구약성경을 기반으로 한 유대교와 구약과 신약성경을 함께 가르치는 기독교는 이런 종교적 차이를 가진다. 에티오피아의 나자시 황제와 힘야르의 두누와스 왕의 대립 배경에는 이런 종교적 갈등이 있었던 것이다.

"어머니의 고향인 예멘 남부에서 두누와스왕이 수많은 사람들을 죽이고 핍박하고 있습니다. 황제께서 진군을 결정하고 7만 군사를 징집했는데 저도 자원하였습니다. 저는 목숨을 걸고 밤낮 싸워 어머니의 민족과 신앙을 지킬 것입니다. 이제 열흘 후면 에티오피아 전사들이 아덴만에 모여 배를 타고 예멘 원정길을 떠납니다. 내일 당장 출발해야 아덴만에 도착할 수 있을 것 같습니다. 이곳에 특별한 음식이 있다고 들었습니다. 먹으면 힘이 솟고 피로도 떨쳐내는 신비한 음식이라고 하더군

에티오피아의 커피 세리머니

요. 부디 그 음식으로 전투를 준비하는 전사를 배불려주고 축복해주길 바랍니다. 저는 전쟁에 나가기 위해 할 수 있는 모든 것을 준비할 겁니다."

"분나가 마법의 음식은 아니지만 틀림없이 피곤을 이기게 하고 힘을 줍니다. 분명 당신 같은 전사를 더욱 전사답게 싸우게 해줄 것입니다."

오로모의 힘 있는 말투와 탄탄한 몸, 결의에 가득 찬 눈빛에서 용맹한 아프리카전사의 기운을 느낀다. 칼디는 덩달아 피가 끓어올랐다.

바리스타도 분주히 움직이며 분나를 요리하기 시작했다. 수년간 분나 요리 실력은 일취월장했다. 이제 가장 적절한 맛과 향미를 만들어내는 레시피를 익힌 터다. 바리스타는 볶은 분나 원두를 갈아 제베나라는 작은 항아리에 담아 달이기 시작했다. 적절한 타이밍이 되자 작은 잔에 따른다. 오로모에게 한 잔을 건냈다. 잔을 비우고 나면 이어서 잔을 채워 석 잔을 주었다.* 분나차를 접대받은 오로모는 정신이 맑아지는 것을 느꼈다.

칼디는 빠른 걸음으로 수도원에 가 수도사를 모셔왔다. 저녁이 되자 수도사는 불을 지피고 분나를 던져 커피를 태웠다. 분나가 익으며 타닥거리는 소리가 났다. 분나향이 퍼져나가자 수도사는 오로모와 에티오피아 전사들을 위한 기도를 시작했다. 칼디와 바리스타도 함께였다. 바리스타는 기도하는 칼디를 보며 대견한 마음과 동시에 아련한 슬픔을 느꼈다. 이별이 다가옴을 직감한 것이다.

---

* 커피를 대접하는 이 방식은 에티오피아의 전통으로 남아 전쟁을 앞둔 전사들의 힘과 정신을 북돋아 주고 승리를 간구하는 의식이 되었다. 훗날 이 의식은 귀한 손님을 대접하는 관습인 '분나 마프라스'가 되고 현대에 와서는 에티오피아의 커피 세리머니로 불리고 있다.

아침이 되었다. 오로모가 짐꾸러미를 챙기고 감사의 인사를 마지막으로 길을 나선다. 칼디는 잠시 가만히 서서 오로모의 뒷모습을 보았다. 그리고 어머니 바리스타에게 조용하지만 결연한 말투로 이야기했다.

"어제 오로모의 이야기를 듣고 결심했습니다. 그리고 밤늦도록 신께 기도를 하였습니다. 저는 오로모와 함께 가겠습니다. 예멘에서 핍박받는 사람들을 위해 에티오피아 전사들과 함께 싸우겠습니다. 전쟁이 끝나면 돌아와 어머니를 모시고 염소도 돌볼 테니 조금만 기다려주세요."

바리스타는 고개를 끄덕이며 눈물을 훔쳤다. 칼디는 저만치 가고 있는 오로모를 큰 소리로 불러 세우고는 발걸음을 멈춘 오로모를 향해 뛰어갔다. 아프리카 대지를 뚫고 올라온 아침의 태양 위로 동쪽 하늘이 붉게 타오른다. 아프리카의 두 전사는 타오르는 태양 속으로 거침없이 나아갔다.

이후 이야기

역사에 의하면 두누와스왕은 에티오피아 군대에 쫓기다가 아덴만에 뛰어들어 자결했다고 한다. 예멘은 에티오피아의 통치하에 있게 된다. 이후 에티오피아의 부왕은 로마의 지원에 힘입어 남부 아라비아 너머 메카까지 영향력을 뻗어 나갔으나 강력한 페르시아의 해군에 저지당한다. 힘을 키워오던 페르시아 사산왕조가 개입한 것이다. 아랍민족은 수 세기 동안 여러 주변국에 정착하며 이슬람문화를 확장시켰고 그 중심에는 페르시아가 있었다. 페르시아는 예멘마저 정복하였고 이로써 에티오피아의 예멘 통치는 72년이라는 짧은 역사를 남긴 채 끝났다. 예멘은 이슬람 국가가 되어 오늘에 이르고 있다.

커피의 기원

현재 커피나무의 원류는 에티오피아 카파지역의 야생 커피나무라는 게 정설이다. 20세기 후반까지만 해도 커피나무의 기원은 아라비아 반도의 예멘이라고 알려졌었으나 과학이 발달하며 생물학적 분석을 통해 얻은 결과는 에티오피아 카파지역을 지목하고 있다. 그러나 커피를 대량으로 재배하고 소비를 즐긴 것은 15세기 이후 예멘지역이었다. 특히 이슬람문화권에서는 종교인들이 커피로 작은 경단이나 공 형태로 만든 음식을 지니고 다닐 만큼 많이 이용되었다고 한다.

커피나무의 원산지가 에티오피아라는 추론은 지금도 남아있는 카파지역의 커피 세리머니 같은 소비형태를 보면 설득력이 있다. 그 밖에 몇 가지 근거도 있는데 여행 칼럼니스트인 제프 콜러는 우선 칼디의 원형에 가까운 이야기가 카파지역에 구전되고 있다는 점, 어릴 때부터 커피를 마시고 장례의식에도 커피를 사용할 만큼 커피가 생활속에 뿌리 깊다는 점, 세계적으로 널리 알려진 커피 세리머니의 원형이 존재한다는 점, 2004~2005년에 미국과 프랑스가 공동으로 진행한 고고학 발굴에서 1800년 전의 것으로 보이는 커피콩이 여러 가지 생활 도구와 함께 출토되었다는 점 등을 들어 커피의 고향은 에티오피아의 카파라고 설명하고 있다.

『탐식수필』의 저자 정상원 셰프는 나라별 커피문화가 달라 '커피 한잔하자'라는 말도 다르게 받아들인다고 이야기한다. 우리나라 사람들은 커피 한잔하자고 하면 상대와 어떤 시간을 보낼지 먼저 생각하는데, 이탈리아의 경우 커피 자체에 집중하는 것이다. 또 프랑스에서는 인문학의 요람이 된 카페라는 공간에 애정을 가지며, 영국은 티타임을 갖듯 커피를 마시며 갖는 휴식에 더 집중하는 경향이 있다고 한다.

짧은 시간 '부산 바다 커피'를 위한 취재 과정에서 다양한 커피인들을 만났다. 부산의 카페와 커피인은 저마다 나름의 역사가 있었고 커피를 대하는 자세에서 자부심이 느껴졌다. 이제 '부산에서 커피 한잔하자' 하면, 시원한 바다를 넘어서 '더 맛있는 커피를 제공하겠다'는 진심과, '더 개성 있는 커피를 만들겠다'는 커피인들의 열정이 먼저 떠오를 것 같다.

귀한 시간을 내어주신 부산의 모든 커피인들에게 감사드린

진가록

다. '그린빈 바이어', '바리스타', '로스터'라는 이름으로 각자의 분야에서 최선을 다하는 그들이 있어 부산은 이미 커피 도시다.

책이 만들어지는 과정은 커피 한 잔을 만드는 것과 비슷하다. 저자의 밭에서 생산된 생두 상태인 원고는 편집팀에서 1차 로스팅을, 디자인팀으로 넘어가 2차 로스팅을 거친다. 출판사의 로스팅을 통해 커피 원두로 거듭난 편집 원고가 인쇄소로 전달되면, 인쇄소는 바리스타 역할을 맡아 디지털이나 옵셋, 윤전 등 다양한 방법으로 원고를 추출한다. 그렇게 한 잔의 커피가 우리 앞에 놓이듯 한 권의 책이 만들어진다.

'커피를 내린 후 행복은 마시는 사람의 몫'이라던 오랜 경력을 가진 바리스타의 말처럼 저자와 출판사, 인쇄소를 거친 책은 독자의 행복이 되어야 한다. 한 잔 커피로 고단한 하루를 위안 삼듯 한 권의 좋은 책을 통해 독자들이 위로받을 수 있기를 바란다.